CON

人生を変える

CEN

集中力の高め方

集中力が劇的に向上する6つの話

TRA

ステファン・ファン・デル・スティッヘル=著
枝川義邦・清水寛之・井上智義=監訳　徳永美恵=訳

NEWTON PRESS

人生を変える

集中力の高め方

集中力が劇的に向上する6つの話

プロローグ

紀元1世紀，ローマには非常に多くの書物が流通していた。そこで，当時の哲学者ルシウス・アンナエウス・セネカは，あまりにも情報が多すぎて，人々が集中力を欠いてしまうのではないかと危惧していた。同じ問題は18世紀にドイツでも再浮上した。印刷技術の発達によって急速に印刷物や書籍が一般市民に普及し，「Bücherseuche—本の疫病[注1]」として情報過多が深刻な問題となった。手に入る情報があまりにも多く，それが人々の集中力に悪影響を及ぼしているのではないかと恐れられていた。

印刷機の発明から今日のデジタル社会の幕開けまで，新しい種類のメディアが開発されるたびに新しい問題が発生している。情報量の増加が集中力に与える影響についての懸念は今に始まったことではなく，新たな進歩が見られるたびに，私たちは自分たちの脳が処理能力の限界に達してしまうのではないかと恐れてきた。特に，かつてないほど情報が溢(あふ)れる現代社会においては，脳が限界に達する瞬間が今にもくるのではないかという不安はよく理解できる。現在，私たちの社会は大きな変化のなかにある。80年代や90年代には，情報量をキロバイトやメガバイトという単位で表していたが，今ではゼタバイトやヨタバイト[注2]になった。情報量はますます増加し，ポケットに入れて持ち歩くネットワーク機器の高速化，保存方法の高度化，そして処理能力の高速化のおかげで，情報は日常生活にどんどん侵入している。GoogleやFacebookは，ユーザーのオンライン行動を追跡することができるため，ユーザーがどんなことに興味をもっているかを正確につかんでいる。つまり，私たちが見ている広告は，私たちの個人的な好みに基づいて選択されているのだ（特にGoogleはバナーをクリックするとそれに反応して広告を送信してくるため，うっかりWebサイトのバナーをクリックするたびに，私はちょっとひやっとする）。

驚異的なペースで進むデジタル化と情報量の増加によって，私たちはまさしく集中力の危機の真っ只中にいる。嘘だと思うなら，毎週いかに多くの本や記事が「ソーシャルメディアやスマホは私たちの創造性や生産性，集中力に悪影響を与えている」と警鐘を鳴らしているか考えてみてほしい。ソーシャルメディアを使って気晴らしをしていたはずなのに，かえってストレスを感じる経験をしている人も少なくないはずだ。その結果が，デジタル・デトックス*に関する書籍の市場拡大だ。また，スマホ依存症のせいで交通事故は増加の一途をたどり，寝る前にスマホの画面に釘づけになって不眠に陥っている子どもも増えている。私は，2019年に注意の基本原理を解説した前著『*How Attention Works*』(2019年，MIT Press)を出版して以来，「急速に変化する社会が私たちの集中力に与える影響は何ですか？」と，インタビューや読書会で同じ質問を幾度となく受けてきた。 多くの人にとって集中力は非常に重要な問題なのだ。ソーシャルメディアの利用は，気晴らしとはいえ，それが一定の知識や集中力を要求するものであったり，毎日絶え間なく押し寄せてくるさまざまな情報をその都度処理しようとしたりするため，結局注意散漫になり，一つのことにじっくりと向き合うことが難しいと感じている人がたくさんいる。

今日の子どもたちが育っている世界は，わずか20年前の世界とは大きく異なる。十代の若者は，ソーシャルメディアなど注意散漫の原因となるものの大口消費者だが，それらは絶え間なく，しかも目に見えにくい形で未熟な子どもたちの脳に入り込む。その結果，子どもたちの注意は，正しく機能しなくなる。精神的に参っていたり，ちょっと退屈だと思ったりするとスマホの出番だ。落ち着いて勉強に集中しようとした途端にメッセージ通知が届き，またしても子どもたちは注意を逸らしてしまう。やっとのことで生徒の注意を引きつけても，それを保つことがいかに難しくなっているか不満に感じる教師が増えていてもなんら不思議ではない。たとえ教室へのスマホの持ち込みが禁止されている場合でも，スマホとの闘いは本当に厄介なのだ。

家庭内にもスマホが侵食している。親でさえも，子どもたちと十分な時間

---

* スマートフォンやパソコンといったデジタル機器を使わずに，一定期間SNSやインターネットと距離を置き，オフラインでのコミュニケーションや自然との触れ合いに重きを置いてストレス軽減を図ること。

を過ごすのが難しいと感じている。たった1回スマホが鳴っただけで，それまで子どもたちと一緒に組み立てていたレゴハウスを放り出してしまい，その後，子どもとの時間に再度集中できるようになるまでにずいぶん時間がかかることもある。ときには，子どもたちとの時間に戻ることさえできないこともある。着信音は同僚からのメッセージだったのだろうが，それはせっかく仕事から離れてパパママモードに入っていたムードをぶち壊し，彼らの注意を再び仕事へと向けさせてしまうのだ。

最近，私たちは全員将来デジタル機器の使いすぎで認知症にかかったり，知的レベルが急激に低下したりする運命にあるなどとあちこちで書かれているが，それを信じる必要はまったくない。自己啓発本やメディアに描かれているこういった「破滅へのシナリオ」がすべて正しいわけではないのだ。しかし，だからといって，すべてが順調というわけでもない。私たちの多くはマルチタスク化，つまり同時並行的に物事を行う傾向があり，常に膨大な量の情報にさらされているため，一つのことに集中することが非常に困難になっている。それでも，よいニュースもいくつかある。デジタル社会が進めば，行動や脳に関する知識も増えていく。集中力についての理解もどんどん深まり，集中力を最適な方法で使うにはどうすればよいかが明らかになってきた。絶え間ない情報の流れに対処するために社会が何をすべきか考えるとき，実は問題の解決策は私たち自身の手のなかにある。正しい選択をしさえすればよいのだ。

とはいえ，本格的なアテンションクライシス（注意散漫の危機）[注3]に陥らないようにするため正しい選択をするのは容易なことではない。本書では，情報の送り手と受け手の間に明確な線引きをする。集中力を維持したい場合は，両者がともに心がけなければならないことがある。私たちは毎日，送り手と受け手の両方の役割を担っている。プレゼンをしたりYouTube用のビデオクリップをつくったりする場合は送り手であり，講演会に出席したり本を読んだりする場合は受け手である。送り手は，受け手が集中しやすい形で情報を提供し，受け手の注意を引き止める努力をしなければならない。一方，受け手も注意をうまく機能させ，気が散らないように工夫すべきである。そのためには，効率が上がるように作業スペースや学習スペースを整えるだけでなく，受け手自身が集中力を鍛え，脳をよい状態に維持できるよう最善を尽くす必要がある。幸い，科学的な解決策がないわけではない。本書では，その解決策についても詳細に説明していきたい。

アテンションクライシス（注意散漫の危機）

読者の皆さんは,「注意を向ければ, すべてのものが美しくなる」(IKEA[*1]),「私たちはお客様にもっと注意を払いたい」(EYE WISH OPTICIENS[*2]),「私たちは皆様の未来に細心の注意を払っています」(エイゴン保険[*3]) といったスローガンを使い始めた企業がいかに増えているか気づいているだろうか。驚くことに,最近の広告キャンペーンのほとんどが「注意」というテーマに焦点を当てている。企業や広告主は，今日の市場で注意が重要な役割を果たしていることを十分に認識しており，自分たちの情報を伝えるために，消費者の目と耳を引きつける努力を惜しまない。

IKEAの主張に反して，注意がすべてのものをより美しくするわけではないが，絶え間なく流れ続ける情報のなかから，脳が特定のデータを選択しようとしているのは確かだ。注意はフィルターのような働きをし，このフィルターを通過した情報だけが脳のなかで完全に処理され，ほかの情報はすべて無視される。したがって，私たちが知っていることはすべて，私たちがどこに注意を向けるかによって決まってくる。脳は，私たちを取り囲む非常に複雑な世界に即座に反応しなければならず，私たちは常に意思決定を迫られている。交差点での優先権はどちらにあるのか？　携帯電話で点滅するメッセージ通知にどれだけ注意を払えばよいのか？　短時間で判断を下す必要があるということは，十分に検討する時間がないまま決断しなければならないということだ。衝動買いや自然に起こる感情の爆発などがこの例である。このような状況では，最初の反応によって結果が決まる。また，判断する際には周囲の世界に関する知識も考慮されるが，その知識もまた，過去にどんなことに注意を向けていたかに基づいている。したがって，注意は，すべての判断において重要な役割を担っているのである。

＊1　家具の大型販売店。
＊2　オランダの眼鏡ショップ。
＊3　オランダのハーグに本社を置く保険会社。

アテンションエコノミー（関心経済）

私たちの「注意」や関心は貴重な品であり，その場で使える量には限りがあるため，慎重に使用する必要がある。ここ数年の間に，アテンションエコノミー（関心経済）*の台頭と，その主要な商品である私たちの注意や関心に関する多くの書籍が出版されている。たとえばティム・ウーは，『*The Attention Merchants*』（2016,Vintage）という著書のなかで，アテンションエコノミーがどのようにして新聞の世界に最初に根を下ろしたかを説明している。新聞の投稿欄を見ればわかるように，人は新聞を読むとき，自ら進んでその新聞の発行者に自分の関心を提供する。このことに最初に気づいたのは，ニューヨークの安価なタブロイド紙『ザ・サン』であった。1833年当時，ほとんどの新聞は主にエリート層を対象とした贅沢品で，原価をかなり上回る価格で販売され，購読料で利益を得ていた。そこで，当時エリート層ではなく一般大衆の購読者を増やそうとしていた『ザ・サン』紙のオーナーは，別のアプローチをとることにした。読者が自発的に提供してくれる関心事を新聞の広告主に売るというアイデアを思いついたのである。その結果『ザ・サン』紙は，競合他社のたった1/6程度の価格で販売することができるようになり，収入のほとんどを，広告スペースを販売することで得るようになった。このやり方は大成功を収め，同紙は1年もしないうちにニューヨークで最も売れている新聞になっていた。

毎日，新聞を読むことに関心の大部分を費やす，明確な人物像をもった大口の固定客を獲得すること―これは全広告主の夢である。このターゲット層に関する知識を利用して，広告主は読者の特定のニーズに合わせてメッセージを発信した。この読者の注意を販売するというやり方は，最終的に今日のメディア環境の基礎となっている。広告は，FacebookやGoogleのような，私たちが毎日やり取りしている企業にとって最も重要な収入源である。彼らが提供するサービスは一見無料のように見えるが，実はその価格のかなりの部分を私たちの関心が占めている。

広告代理店は，私たちの注意を引くためのすべての法則（とトリック）を

＊　情報過多となった社会において，人々の関心や注目の度合いが経済的価値をもち，貨幣への転換材料として機能する概念。

知っており，彼らがデザインする広告はますます巧妙になっている。彼らは私たちの基本的な感情，たとえば裸の人や恐ろしい状況，「非常に興味深い」と思うような感情をうまく利用する。目を引く写真で私たちの注意を引きつけ，災害などの警告記事はいつでもニュースサイトの人気記事になっており，私たちの注意を引くためにかつてないほど熾烈(しれつ)な闘いが繰り広げられている。それはしばしば卑劣で，無慈悲でさえある。また広告主は，私たちの注意を逸らすにはどうすればよいかを，よく知っている。たとえば，YouTubeの動画を見る前にはまず，30秒間の広告を見る必要がある。早く本編を見たくて広告をスキップしようと，広告の上にある“X”をクリックすると，その情報は今後すべてのポップアップウィンドウにつながり，貴重な注意の一部がそちらに向けられてしまうことになる。

もともとソーシャルメディアにもっと積極的に関わるようにと導入された「いいね！」ボタンでさえも，今では広告をより効率的に解析するためユーザー情報を詳細に収集する手段になっている。また，「いいね！」は，自分の書き込みがどう評価されているか知りたくなったとき，自分が書き込みをしたSNSサイトへ確実に引き戻してくれる。その結果，脳が大好きな，ある種の短期的な報酬を得ることができるのだ。「Snapchat（スナップチャット）」は，友達同士が投稿する一連のメッセージ，いわゆる「ストリーク」を使ってやりとりをする。もしも自分がその流れを止める責任を負いたくなければ，毎日メッセージを送信しなければならない。これは，若者が特に敏感な，巨大な社会的圧力につながる可能性がある。

メディアによる注意喚起

アテンションエコノミーは，メディアを通じた情報発信方法を大きく変えてきた。歴史上，私たちがさまざまなメディアに向けてきた注意の量には大きな変化があった。アテンションエコノミーにより，私たちが日常的にどこに注意を払うかが大きく変化したのだ。1920年頃のラジオには，まだあまりCMはなかった。人々は，ラジオは家族と一緒に内々で楽しむもので，そこにCMの入る余地はないと信じていたのだ。ラジオCMが始まったときにも，家族のくつろぎの場にCMは断固として入れるべきではないと考え，一線を画していた。

しかし，ラジオの人気が高まるにつれてこの態度は軟化し，ラジオ，のちにテレビは，すぐに商業的なメッセージを発信するための完璧な媒体になった。比較的放送局が少ないため，特定の放送局が膨大な数の視聴者をもつことになる。人気のある番組は「注目度急上昇番組」として知られるようになった。何百万人もの人々が自らの意思で特定の番組にチャンネルを合わせ，その放送局にすべての注意を向けた。なぜならば，当時は選択肢がほとんどなく，リモコンもまだ発明されていなかったため，特定の番組に寄せる関心が非常に高かったのだ。人々はラジオやテレビに釘づけになり注意のすべてを注いだ。しかし，リモコンが登場すると，このような特定の番組への強い関心は消えてしまった。この新しいデバイスがあれば，たとえどんな番組が放送されているか知らなくても簡単にチャンネルを切り替えることができるため，一つひとつの番組に傾ける注意の量は確実に減少した。今日私たちは，いわば引き金に指をかけてテレビを見ているようなものだ。つまり，関心が弱まって気が逸れた瞬間，新しい情報を求めて次々とチャンネルを変えていくのだ。

チャンネルを切り替えて，どのチャンネルを見るかを決めるのはそのときどきの気分による。ある特定の情報の流れに意識的に注意を集中させる代わりに，反射的にあるチャンネルから別のチャンネルにジャンプする。番組制作者は，この行動に合わせて手法を変えてきた。昔のテレビ番組は今の私たちには信じられないほどゆっくりしているように感じられるが，主に，リモコンという，いつ何どきチャンネルを変えられるかわからないという差し迫った危機，いわゆる「ダモクレスの剣」[*1]が突きつけられていなかったからである。こういった手法の変化は，Facebookのニュースフィード上の広告にも当てはまる。Facebookのニュースフィード[*2]にはごく小さなウィンドウがあり，通常は自動的に再生を開始してユーザーの注意を引きつけて

＊1　栄華や幸福のなかにはいつ何どきも危険と隣り合わせであることのたとえ。古代ギリシア，臣下ダモクレスが君主ディオニシオスの座位を褒め称えたところ，君主がダモクレスを頭上に髪の毛一本で吊るされた王座に座わらせて，常に鬼気迫る状況であることを伝えたという逸話から生まれた言葉。

＊2　Facebookを利用する本人や友人が投稿した近況や写真などが表示される画面。そのほかに，利用者に関連性の高いニュースや広告も配信される仕組みになっている。

いる。

同じ現象は音楽の世界にも見られる。音楽アプリ「Spotify（スポティファイ）」では，購入可能な楽曲が非常に多いため，曲の最初の30秒が決め手となる。曲の多くはコーラスが早めに始まる傾向があり，イントロが非常に短いこともよくある。だからこそ，リスナーはイライラすることなくすんなりとその曲に引き込まれていく。イントロが長いとリスナーはさっさとページをスクロールして，目にとまった別の曲をクリックしてしまい，さっきの曲よりも長い間注意をそちらに向けてしまう可能性がある。結局のところ，どんな情報であっても，外部からランダムに入ってくる情報に次々と注意を向けるよりも比較的長い期間何かに集中するほうが，脳はより多くのエネルギーを使う。ランダムに入ってくる情報はコントロールを必要としないからだ。今後もアテンションエコノミーによって，ますます速いペースで情報が広まっていくのは間違いない。

注意とテクノロジー

テクノロジーの発展と情報量の大幅な増加により，私たちの関心をめぐる争奪戦はさらに熾烈になっている。そして，この闘いに伴う刺激は，私たちの注意を本当にやりたいことから逸らしてしまうことが多い。私がこの本を書いている図書館では，勉強もせず，FacebookやTwitter，Instagramに夢中になっている学生の姿がたくさん見られる。今朝自転車で図書館へ向かうとき，彼らは本当にそんなことをしようと考えていただろうか。SNSに夢中になるよりも，肝心の小論文に取り組んだり，教科書を読んだりするべきではなかったのか。たぶん，彼らは友達リクエストを知らせるスマホの通知にちょっと気をとられただけなのだろうが，結果，小論文ではなくSNSに釘づけになってしまった。この場合，スマホから離れて再び勉強に集中できるようになるまでには，かなりの努力が必要となる。

携帯電話には，現在のアテンションクライシスを招いた責任が大いにある。1985年から2010年の間に，アメリカにおける携帯電話の契約件数は，約34万件弱から3億2,090万件にまで増加した。電話をかけるという本来の機能さえも，周りの世界へ向ける注意の度合いという点から見れば，気を散らすものにほかならない。電話をかけるときには周囲を見渡すことができるのに，話している間は身近で起こっていることをほとんど把握することができないのだ。このことは，統制された実験室内での実験では何度もはっきりと証明されているが，ウェスタン・ワシントン大学の研究者グループは，この問題が私たちの日常生活にどの程度影響を与えるかを明らかにしようと，自分たちの大学のキャンパスでさらに検証した。研究では，実験参加者となった350人がキャンパス内の広場を無防備に歩いている様子を観察し，「ほかの人と話しながら歩いている」「携帯電話でおしゃべりをしている」「音楽を聴きながら一人で歩いている」「一人でただ黙々と歩いている」など，行動によって分類した。そして，有名な「見えないゴリラ」*の実験にヒントを得て，一輪車に乗って広場を横切るピエロを登場させた。

音楽を聴いていた実験参加者や無言で歩いていた実験参加者のうち，三人に一人が一輪車に乗ったピエロを見たと答え，友人と一緒に歩いていた人の60%近くがピエロのことを口にした。しかし，携帯電話でしゃべっていた実験参加者のうち，ピエロのことを覚えていたのは，たったの8%しかいなかった。その後，研究者たちは「一輪車に乗っていたピエロを見ましたか？」と，二つ目の質問をした。すると，友人と一緒に歩いていた人の71%はすぐにピエロのことを思い出した。音楽を聴いている人（61%）や一人で歩いている人（51%）でもそう答えた人の割合は高くなっていた。しかし，携帯電話で話していた人は，ピエロを見たことをなかなか思い出せず，一輪車に乗っているピエロを見たと答えた人は25%に留まった。さらに，実験参加者の歩行行動も分析した。携帯電話で話していた実験参加者の歩行速度は遅く，方向転換の回数もより頻繁であった。ほかの多くの研究でも同様の結果が出ている。たとえば，500人以上の実験参加者を対象としたある実地調査では，携帯電話に夢中になっている歩行者は，そうではない歩行者に比べて道路を横切る速度が遅く，周囲を見回す回数が少ないことが実証されている。

＊　1992年に心理学者のアリアン・マック博士とアーヴィン・R・ロック博士が実施した実験。実験参加者は白シャツと黒シャツのグループがバスケットボールをパスするビデオを見せられ，白シャツのグループが何回パスをしたか数えるよう指示された。映像の途中にゴリラの着ぐるみを着た人物が通過するのだが，実験参加者の42%はその存在に気づかなかったという。このことから，ひとつの物事に注意を向けることで，予期せぬ変化や情報を見逃しやすくなることがわかった。

これらの研究は，携帯電話を使って通話をすると状況認識力が低下することを示している。歩行者の事故原因を調査したアメリカの大規模な研究では，携帯電話の使用がますます大きな要因となっており，携帯電話で通話している歩行者の事故件数はわずか数年で倍増したとしている。これらの結論は，前述の観察研究だけでなく，実験参加者に携帯電話を持たせたり持たせなかったりして，特定のルートを歩いてもらって実施した多くの実証研究でも確認されている。携帯電話で話している実験参加者は，周囲の状況をあまり意識せず，ルート内にたくさんある目立つものにも気づかなかった。結局のところ，携帯電話を使っている間は，周囲の環境にも携帯電話での会話にも十分に集中できていないのだ。今日では，携帯電話の普及が交通事故の増加の一因となっているが，これは運転者のみならず歩行者の注意の量も低下しているからである。

なぜ携帯電話はそんなに中毒性があるのか？

私たちは，これまで携帯電話が私たちの生活にどれほど影響を与えるかを見てきた。しかし，なぜ携帯電話はそんなに依存性があるのだろうか。これを説明するにはまず，「行動主義」として知られる科学的なムーブメントに基づいて，私たちの行動を把握する方法を簡単に紹介するのが一番よいと思われる。行動主義は，実験参加者自身が実験中に感じたことや経験したことに関する情報を提示する「内観」という標準的な方法を疑問視する，心理学の分野における最初のムーブメントであった。たとえば，内観では，実験参加者がメトロノームを聞いている間，自らが経験したことを報告することが求められる。実験参加者はその後，より心地よいと感じるリズムを特定する。行動主義者は，これらの主観的な調査結果は信頼性が低いと考えていたため，目に見える行動を測定する実験を始めた。行動主義は，正式には1913年にジョン・ワトソンが発表した論文『Psychology as the Behaviorist Views It（行動主義者から見た心理学）』（1913）から誕生した。この論文のなかでワトソンは，心理学は「刺激と反応の関係」に注目すべきであると提唱した。人は入ってくる情報にいわば反射的に反応する。スイッチを入れると灯りがつくように，外の世界から刺激を受けると，まるで機械のように自動的に反応し，その後の関係性は条件づけによって形成される。これが反射という反射作用の獲得である。

条件づけは，1890年頃にイワン・パブロフによって偶然発見されたもので，彼は餌（えさ）に反応して犬たちが唾液を出すことについて研究していた。彼は，たとえ餌を持っていなくても，自分が部屋に入った瞬間に犬たちが唾液を出し始めたことに気づいた。犬たちは，パブロフの存在と餌の時間を自動的に結びつけているようだった。彼と犬たちとのつき合いが深まれば深まるほど，彼の存在と餌の時間との関連も強くなっていった。最終的には犬たちは餌に反応したのと同じようにパブロフを見るだけで反応し始めた。行動主義の専門用語でいうなら，時間をかけて「条件刺激」になる前のパブロフ自身は，本来は生体に反応を起こさない「中性刺激」だったのだ。

パブロフの発見は，のちにベルなどを使用してより詳細に研究されたが，犬でも人でも同じ結果となった。いったん特定のものと報酬を連合させると，その連合を覆すのは非常に難しい。連合を断ち切るには，そのものがもはや報酬につながっていない期間を長くとる必要がある。同じ原理は，罰にも当てはまる。実験参加者がある色を見ているときに一度か二度電気ショックを与えると，脳は実際には電気ショックがなくても，その後その色が表示されるたびに恐怖を感じるようになる。行動主義の研究者によると，ヒトはこの種の状況において，自由な意思をもつことができず，経験することすべてに反射的な反応をすることになる。

報酬は，非常に中毒性が高い効果をもつ場合もある。檻に入れられたマウスがあるボタンを押せば餌がもらえることを発見すると，そのボタンを延々と押し続ける。報酬には教育的効果もあり，まさしくこの原理が子育てや学校でも利用されている。人は特定の行動が報われ続ける限り，それが無報酬に終わったとしてもしばらくその行動を続ける。新しいメッセージがあるかどうかを確認するために無意識に携帯電話を取り出したり，コンピュータでメールを開いたりするときには，まさに条件づけられたマウスに似た行動をとっている。ほとんどの場合，そのときの行動をやめて新しいメッセージをチェックするときに求めているのは報酬だ。それが自分のことを思っている人からの短い挨拶であっても，シェアしようと誰かが送ってきた猫と一緒に映っている面白い動画であっても，あるいは単なる仕事関連のメールであっても，私たちは新しいメッセージを受け取るたびに，ある種の報酬を受け取るという経験をする。どれも新しい情報ばかりであるため，それでご機嫌な1日を過ごせるというわけだ。

こうして私たちは，携帯電話やパソコンで受信したメッセージを，報酬を受け取るチャンスと連合させる。この連合は，過去に自分が嬉しいと感じたメッセージ（誰かからのちょっとした挨拶のメッセージなど）を受け取って，一種の報酬と解釈した経験があることからきている。檻のなかのマウスのように，私たちは，ソーシャルメディアでの「いいね！」や友人からのメッセージなどと報酬との間に連合を形成する。そして実際にはそれを行う本当の理由がなくても，またもやあのマウスのようにボタンを押し続ける。それが次第に中毒になり，いちいち確認する必要がなくなってもつい見てしまうのだ。しかし，メールやソーシャルメディアからいつでも報酬を確実に得られるわけではないという事実は，この報酬がいかに不確実なものであるかを示している。範囲や頻度が変化する報酬の場合，連合を学習するまでに時間がかかるだけでなく，関連性が消えるまでにも時間がかかる（心理学では「消去」として知られているプロセスである）。もしも報酬を受け取るタイミングを常に正確に知っていたとしたら，その瞬間にしか携帯電話に手を伸ばしたりはしないだろう。しかし残念なことに，メッセージという報酬はいつも予測可能なタイミングで届くとは限らないのだ。

メールに関してもまったく同じことがいえる。メールを送るのはとても簡単で，しかも無料であるため，誰かにメッセージを送るのにもっと多くの努力（紙，ペン，切手，ポストなどを見つけるなど）が必要だった時代とは違って，メールボックスがメッセージでいっぱいになっているのはよくあることだ。今は思いついたことを入力し，送信しさえすればよい。しかも，郵便物は通常1日1回しか配達されないが，メールはいつでも届く。もしかしたら何か新しくて面白いものが届いているかもしれないと期待して，私たちはかなり頻繁にメールをチェックすることに慣れてしまい，それがいつのまにか習慣化してしまう。手紙なら，朝，郵便受けに届くのを楽しみにしていても，一度届いてしまえばその日はもう届かないことがわかっている。さらに，届いた手紙にすぐに返事を書かないだろうし，わざわざ手紙を投函するために足を運ぶこともしないだろう。手紙を送るのには時間がかかるし，相手もすぐに返事をくれるとは思っていない。

メールを送ることは，これとはまったく違う。私たちの誰もが，メールを送ってから5分もしないうちにデスクに駆け寄ってきて，「まだメールを読んでいないのか」と尋ねる人がいることをよく知っている。考えてみれば，誰かがメールやテキストメッセージを送るだけで，私たちの貴重な注意のかなりの部分をよこせと主張できるというのは，本当に驚くべきことなのだ。

医療分野における注意

注意が希少価値の高い品であるという認識が高まっている領域があるとすれば，それは医療分野である。最近人気のある治療プログラムの特徴は，「アテンションミニッツ」として知られる，治療後に一定時間患者と雑談する時間を設けるというものだ。現在，訪問介護士は，患者と一緒に過ごす時間を示す基本チェックリストを携帯していることが多い。たとえば洗濯や着替えなどの作業に20分，その後の雑談に5分といった具合である。

近年，医療分野では，患者に医療以外の注意を払うことが医療提供の基本的な部分に含まれるのか，それとも時間が余っている場合にのみ追加できる余分なものなのかという議論が行われている。医療従事者が必要なケアにすべての注意を集中させてこそ，手ごろな価格で医療を提供し続けることができるという人もいる。患者が要求するほかの形態の注意はすべて家族の責任であり，十分な時間が残っているときにのみ提供できる追加サービスであると考えられているのだ。たとえばオランダでは，高齢者のケアに割り当てられる資金がますます少なくなっていることを考えると，ケア以外に注意を払うことはもはや純粋に社会的関心事とはみなされなくなっており，ケア以外の責任を負うのは家族であると考えられている。そうすれば，ケア以外に費やす時間がほとんどないか，あるいはまったくない介護士は，自分たちが訓練を受けた肝心のケアにすべての注意を集中させることができるようになるからだ。

しかし，科学者の間ではこれとは異なる意見が出ている。それは，専門的なケアを必要な場合に正しい手順で提供するだけではなく，そのあとで天候などについて患者と簡単な会話をすることがよりよい医療につながるというものだ。重要なのは，患者が介護士に自分の話を聞いてもらっていると感じることだというのだ。患者は，介護士の注意が貴重な介護サービスの一環であり，当たり前に受けられるものではないこと，また，医療分野の学生たちが医療以外に注意を払う重要性を教わっていて，それがどれほど希少価値があるかを十分認識している。

私たちは，特に弱っているときには，自分に注目してほしくてたまらず，自分が注目を得ているかどうか推し量ることに非常に長(た)けている。そして会話の相手が自分に十分な注意を払っているかどうか見極めるのに時間の大半を費やす。なぜなら，その注意が当たり前に得られるものではないことをよくわかっているからだ。医者が複雑な症例などで，正しい診断を下すためにコンピュータの画面に現れる情報に意識を集中させる必要があったとしても，診察中にコンピュータの画面ばかり見続けていると，「この医者は，患者には無関心だ」という印象を与えるだろう（そしてほとんどの患者がこれをすぐに見抜く）。そしてまた，正しい診断を下すだけでは，患者は提供された治療に満足していると感じられないことが研究で明らかになっている。患者は自分たちの声がちゃんと届いていると感じたいのだ。したがって，注意を払うことはよい医療の重要な側面だといえよう。

急激な変化

オランダでは，1998 年に フランス・ブロメットによってつくられたドキュメンタリーのビデオクリップが，最初に撮影されてから 20年後にインターネット上でヒットしている。このクリップでは，路上で携帯電話を持っているかどうか聞かれた多くの人々の反応を取り上げている。彼らのほとんどは「いいえ 」と終始笑顔で答えている。「なぜ携帯電話を持ちたいの？家には留守番電話があるのに」「一日中鳴らされるのは嫌でしょ」「自転車に乗っているときに鳴らされるのを想像してみて」など，携帯電話を持っていない人のほうが多かったようだ。しかし今では，それも大きく変化した。最近ではどこを見てもスマホの画面とにらめっこしている人を見かけるようになった。電車を待っているときも，信号が青になるのを待っているときも，私たちはスマホから目を離せない。実際，最近のアムステルダムのトラム*のなかは，昔に比べてかなり静かになっている。以前は若者たちが大声でおしゃべりしながら客車を埋め尽くしていたのに対し，今の若者たちは，座っていても立っていても黙ってスマホに見入っている。さらに悪いことに，私たちの多くが夜寝る直前まで（朝起きたときも最初に），ソーシャルメディアのチェックを欠かさない。

ブロメットのドキュメンタリーはわずか20年前のものだが，携帯電話やソーシャルメディアは比較的最近の発明で，実は私たちがまだそれらに慣れていないことを思い出させてくれる。毎日入ってくる新しい情報の量は，過去数十年の間に劇的に増加した。アメリカに住む人々は，2011年には1986年に比べて毎日5倍以上の情報を取り込んでいると推定している科学者もいる。これは，一人1日175紙分の新聞のデータ量に相当する。ポケットに入れて持ち歩いている携帯電話の処理能力は，アポロ宇宙探査計画の司令部の処理能力を上回る。新しい情報の入手可能性が高まったことは，私たちが絶えず何に注目して何を無視するかという意志決定をしなければならなくなったことを意味する。つまり，何に集中すべきかを常に選択しなければならないのだ。本書では，「集中」とは，気を散らすことなく，一定期間ある特定のタスクに注意し続けることと定義している。

本書では，集中力を高めるための有益なヒントを提示するだけでなく，集中力が脳のなかでどのように機能するのかを説明し，この重要なトピックに関する最新の科学的知見についても触れていく。結局のところ，集中力がどのように機能するかを知ることが，自分自身の集中力を高めるための最良の方法なのだ。集中力を高めるための第一歩は，注意の価値を正しく評価することだ。そして，特に忙しい現代社会においては，集中することが決して当たり前のことではないと気づくことである。

---

* 路面電車のこと。

集中力はとても役に立つものだが，人々の関心をめぐって争奪戦を繰り広げているアプリや外部からの刺激などさまざまな情報のせいで，簡単に途切れてしまう可能性がある。そのため，特に集中力を必要とする瞬間には，邪魔なものや気を散らすものを最小限に抑える環境を整えるのがベストである。私たちは携帯電話で受信するすべての通知を潜在的な報酬と連合させるが，条件つきの関係は時間の経過とともに消滅する傾向があることを覚えておかなければならない。スマホの設定をいくつか変更し，ソーシャルメディアからの通知をオフにしさえすればよいのだ。最初は慣れるのに少し時間がかかるかもしれないが,最後には必ずやってよかったと思えるはずだ。また，コンピュータの通知をオフにするだけでなく，周囲に潜む気を散らしそうなものを確実に減らすことで，仕事中に注意散漫になるのを最小限に抑えることができる。パブロフの犬でさえ，ベルの音と唾液分泌の連合が弱まったときにはよだれを垂らすのをやめたのだ。犬にだってできるのだから，私たちにできないわけがない。

注釈

1. 社会的な風潮の俗称。印刷技術の発達によって一般市民にも印刷物が流通し，読書が非常に盛んに。また，情報も急速に広がっていき，情報過多が深刻な問題となったという時代背景がある。
2. 1ゼタバイトは10の21乗バイト。1ヨタバイトは10の24乗バイト。世界全体のデジタルデータ総量を語る際によく用いられる単位。
3. 情報過多となったデジタル社会で，注意散漫によって引き起こされる弊害や危機のこと。数年前より欧米で使われ始めた表現。

第1章　なぜ集中するのは難しいのか？

私は締め出しをくらわないように，家の鍵はいつも，玄関を出るときによく見える場所に置くようにしている。また，投函しなければいけない手紙があるときは，仕事用のバックに入れ忘れないように目につく場所に置く。普段はハンカチを持ち歩かないが，忘れてはいけないものがあるときは，それにハンカチを結んで目印にしておく習慣がある。私たちは自分の脳内ではなく，周囲の環境を利用して情報を保存しようとする。たとえばレストランのウェイターは，複雑な飲み物の注文を受けたらすぐにバーの後ろにグラスを置いて，その注文の内容を「外部記憶」に保存する。そうすれば彼は自分の「内部記憶」に情報を保存しなくても，どの飲み物を注げばよいか思い出せる。そうやって彼は前の注文を忘れずに新しい注文をとることができるのだ。

外の世界を保存場所として利用するメリットは，脳の内部メモリに負担をかけかなくてもよいことだ。私たちは忘れてはならない情報の多くを外部のメモリバンクに保存する。予定を忘れてしまわないように手帳をつけたり，数え切れなくらいのしなければならない仕事リスト（ToDoリスト）を書いたり，家のあちこちにリマインダーを置いておく。重要な電話番号はスマホのなかに（比較的）安全に保存しているため，二つ以上の電話番号を覚えておけない人がほとんどだ。事実，私たちが自分の内部メモリの代わりに外部メモリを使用することはよくある。内部メモリは多くのエネルギーを消費するし，容量には限りがあって，しかも信頼できないことが多いからである。

「私たちの記憶は，脳のなかだけに留まるものではない」という考えは，「記憶」のような機能を理解するための比較的新しいアプローチである。従来の実験心理学は，（私たちそのものが脳であるという信念の下に）脳の「内部」のプロセスのみに焦点を当てていた。しかし「身体化された認知」という認知科学の新しい考え方のおかげで，従来の実験心理学が限られた観点からしか認知機能を見ていなかったことがわかった。「身体化された認知」という理論は，人の身体は外部環境と表裏一体であるため，身体と周囲の環境との関わりを分けて考えることはできない，とするものである。

たとえば物語を記憶するときには，身体的な行動に移したほうがより多くのことを記憶できる。ある実験では，別々の実験参加者のグループに対して，あとで詳細を思い出してもらうことを前もって告げずに物語を読むように教示した。一番目のグループには，ただ物語を読むように教示し，二番目のグループには，物語に関するいくつかの質問に対する回答を書くよう指示した。第三のグループには，それらの質問についてほかの実験参加者と議論するよう求めた。また，その物語を実際に演じるように教示されたグループもあった。その後，物語に関連したテストをすべてのグループに受けてもらった。その結果，物語を演じたグループは，ほかのグループよりもより詳細な内容を思い出すことができ，身体を使うことでより効率的に記憶できることが実証された。このことからも，授業や講義でノートをとれば，たとえあとでそのノートを捨てたとしてもより多く記憶できることがわかる。書くことは，結局のところ身体的な行為である。さらに，ペンと紙を使ってメモをとる行為は，ノートパソコンを使ってキーボードでタイピングするよりも必要な運動技能がはるかに複雑になるため，その分メリットも大きいのだ。

情報はどうやってワーキングメモリにアクセスするのか？

短期的な情報保存には，ワーキングメモリを使用する必要がある。ワーキングメモリは脳の一部で，複雑なタスクを実行するために使われる。ワーキングメモリを作業台に並べた工具や材料にたとえてみよう。ここに，色々な道具が詰まった工具箱や材料でいっぱいの作業小屋がある。しかし，どんなにたくさん物があっても，実際は目の前にある作業台の上にある工具や材料でしか作業はできない。また，作業台の上に置く物の量は最小限に抑える必要がある。そうしなければ効率的に作業を進められないからだ。そのためには，ワーキングメモリにどの情報を置いておくかという選択が非常に重要になる。特定のタスクを一定期間実行するためにはワーキングメモリを利用するため，集中力を高めるためにはこのワーキングメモリが非常に重要なのだ。したがって，ワーキングメモリがどのように機能するかを知ることは，物事に焦点を定めて集中力を高める鍵だといえる。ここではまずワーキングメモリの働きについて基本的なことを述べ，その後，具体的なアドバイスをしていこう。

情報がワーキングメモリに到達するまでの道のりは大まかにいって二通りある。感覚を通して外界から情報が入ってきたときと，何かを考えたときなどに内部から情報が出てきたときだ。しかし，感覚が外界から拾った情報のすべてがワーキングメモリに到達するわけではない。これは別に悪いことではない。なぜならば，もしも情報が全部取り込まれてしまうと，知覚したすべての情報が作業台の上で場所を奪い合うことになり，気がつくと情報過多になってしまって肝心なことを考えられなくなってしまうからだ。そうならないように，私たちは最も重要な情報を選び出し，そこに意識を集中させるのだ。このワーキングメモリの入り口となる仕組みを注意と呼び，注意を向けた情報だけがワーキングメモリにアクセスできるのだ。図1.1を見てみよう。

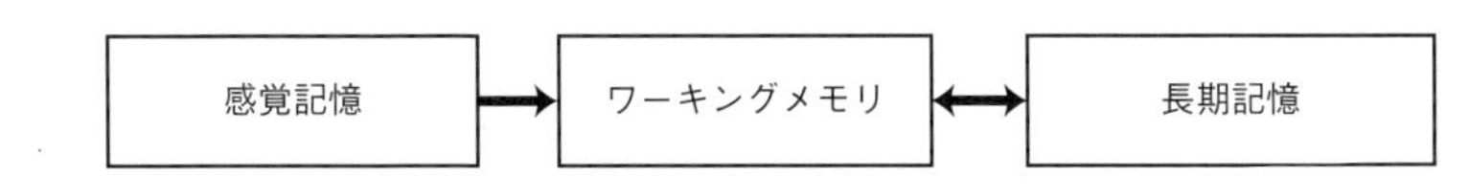

図1.1

感覚器官を通して外界から得られた情報が最初に送られる先は「感覚記憶」である。ここに立ち寄った情報のごく一部がワーキングメモリに貯蔵される。感覚記憶は，視覚系に関連する場合は「アイコニック記憶」と呼ばれる。アイコニック記憶は，私たちの外界の詳細なイメージを作り上げて，わずか数ミリ[注1]秒間だけ保持できる極めて短期的な記憶である。これは，網膜に投影されたイメージを一時的に蓄えておく役割を担っている。聴覚情報の場合は「エコーイック記憶」と呼ばれ，聞いたばかりの音の残響の記憶である。記憶システムのなかでも感覚記憶は，私たちが直接アクセスできないからこそ魅力的なものである。しかし，アイコニック記憶を一瞬だけ垣間見ることはできる。線香花火に火をつけて暗い部屋のなかで振りまわせば，光が通ったところに尻尾のような残像が見える。周囲が真っ暗闇でほかに見えるものがなければ，この光の尾は新しい情報によってまだ上書きされていないアイコニック記憶である。もちろん，このようなことはあまり起こらない。というのも，私たちは夜でも明るい環境にいることが多いため，映像記憶は常に上書きされているからだ。

1960年，認知心理学者のジョージ・スパーリングは，視覚情報を保存するために使われる，このごく初期の非常に短期間に行われる視覚情報の記憶能力に関する研究に着手した。実験参加者たちは，0.05秒という非常に短い間スクリーンに映し出された下記(図1.2参照)のような文字を見せられたあとに，見えた文字数を尋ねられた。文字が表示されていたのは非常に短い時間であったため，実験参加者たちはせいぜい4文字か5文字しか識別できなかった。そこで，スパーリングは彼らがもっと思い出せるようにあるトリックを思いついた。彼らにもう一度文字を見せ，文字が消えた直後に音を鳴らし，その音に耳を傾けるように指示したのだ。高い音を聞いたときは上段のどの文字を見たか報告させる。中音の場合は中段に，低音を聞いたときは下段に注意を向けて，それぞれの段でどの文字を見たか報告させた。これで実験参加者は自分たちのアイコニック記憶のなかの特定の場所に焦点を当てられるようになった。ここで思い出してほしいのは，音が鳴ったときにはすでに文字は消えていることだ。このため，彼らは自分の記憶から情報を取り出さなければならなかったのだが，このトリックには驚くべき効果が見られた。実験参加者は，ある特定の行に意識を集中させたときには，各段から3文字まで思い出すことができるようになったのだ。これは，何らかの形で彼らがアイコニック記憶のシステムにアクセスできたことを示しており，アイコニック記憶の容量がワーキングメモリの容量よりもはるかに大きいことを意味している。また同時に，アクセスできる範囲が非常に限られていることをも意味する。実験では，文字が表示された直後に音を鳴らす必要があった。文字が消えてから音が鳴るまで1秒も経過してしまえば，情報は記憶から消えてしまい，音が鳴っても鳴らなくても結果は同じだったからだ。

X F T I

C Q Z P

N M W A

図1.2 スパーリングの感覚記憶の実験で使用された文字の例

ほとんどの人が，記憶という言葉はずっと前に起こったことだと思っているようだが，実際には記憶は私たちの感覚の一つが情報を得た直後に始まる。感覚記憶の正確な目的は誰にもわからない。感覚記憶があるおかげで，私たちは自分たちの周辺世界の詳細は知らなくても，ある種の第一印象を得ることができるのだと考えている科学者もいる。問題は，その研究が，スパーリングが思いついたかなり奇妙なトリックなしではできないことだ。ただ，感覚記憶を通った情報の一部が，最終的にワーキングメモリに入るように注意が働いていることはわかっている。これが，情報を作業台に置き，脳が情報について考え処理できるようになる瞬間である。情報は，それを心に留めている限りは，ある一定期間ワーキングメモリに保持することができるのだ。

図1.1に示すように，情報は長期記憶を経由してもワーキングメモリにアクセス可能だ。そうでなければ，私たちはいつも感覚的に受け取る情報についてしか考えられないだろう。長期記憶とは，私たちが収集して長期間記憶に貯蔵できる情報の総称である。ワーキングメモリとは異なり，長期記憶の容量はある意味無限だが，この長期の記憶システムにどれだけの量を保存できるかは，正確にはわかっていない。

長期記憶には，昔からの個人的な記憶と，生きている間に蓄積された知識がすべて含まれている。ワーキングメモリ上で情報をある一定期間を超えて長く常にアクティブにしておくことで，その情報を長期記憶に貯蔵できる。たとえば，ある電話番号を何度も何度も繰り返して口にしたり，常にそれについて考えたりしてワーキングメモリに長い間保持しておけば，その情報を長期記憶に貯蔵できるようになる。しかし，長期記憶の不思議なところは，その情報がきちんと保存されているかどうかについて確かなことはいえないことだ。覚えていたはずなのに，特定の情報が思い出せないこともある。情報は正しい指示を出さなければアクセスできない。誰かの名前を思い出せないことがどれほどイライラするかは皆よく知っているが，それは長期記憶に正確な指示を与えていないからだ。私たちは普通，その人から連想するものを考えることで情報を見つけ出そうとするが，これで記憶がよみがえる可能性もある。逆に，ある特定の香りを嗅ぐと，覚えておかなくてもよかった記憶がよみがえるかもしれない。ある特定の状況下で取得した情報は，同じ状況になればすぐに思い出せる。たとえば，試験が行われる場所で試験勉強をすれば，別の部屋で試験勉強をするよりもよい点がとれる可能性がある。何かを学んだ場所を思い出すことは，長期記憶から特定の情報を取り出すのに役立つのだ。

また，メールを読むなど，ある作業に集中しているとき，関連するすべての情報は一時的にワーキングメモリに保存される。同時に，メールに関連する新しい情報もワーキングメモリにアクセスし続ける。しかし，無関係な情報も同様にワーキングメモリにアクセスできてしまう。メールを読んでいる間，画面にウィンドウが表示されると，注意は自動的にこれに引き寄せられる。このように，無関係なポップアップ情報がほかの情報をワーキングメモリから押し出してしまうことがあるため,集中力が一時停止してしまうのだ。それどころか，自分が何をしていたのか正確に思い出せなくなってしまい，完全に集中力が途切れてしまっていることに気づくこともある。

ワーキングメモリに情報を保存する

郵送しようと思っていた手紙をバッグに入れて何日も持ち歩いたことがどれくらいあるだろうか。家を出たり入ったりして，1日に何度もポストの前を通っているにもかかわらず，投函するのを忘れてしまうのはよくあることだ。そのタスクのことを何度も何度も自分のなかで繰り返さなければ，タスクはワーキングメモリから消えてしまう。手紙を確実に投函する唯一の方法は，何度も自分にそれを思い出させるように記憶に留めておくことだ。もちろんそんなことはできなくはないが，非常に面倒であることには違いない。タスクがワーキングメモリから消えないようにするには，手紙を投函することを自分自身に思い出させるように気をつけている間は，ほかのことを考えてはいけない。別のことを考えたり，外界の何かに気をとられたりすると，それがワーキングメモリに侵入して手紙を投函するというタスクを押し出してしまい，それが再び戻ってくる保証はない。さらに悪いことに，その日に何が起こるか,偶然誰かに出くわすかなどは事前に知ることができないため，このような事態を防ぐのは難しいのだ。

すばやく計算することを求められていると想像してみよう。15×13のような計算の答えを出すのはそれほど難しくはないだろう。単に，最初に10×13を計算し，次に5×13を計算してから足し算をすればよい。しかし，より複雑な計算となると問題が生じる。たとえば，ワーキングメモリだけを使って323×144を計算できなくはないが，ほとんどの人が非常に難しいと感じるだろう。これはワーキングメモリが一度に保存できる情報量には限りがあるからだ。ここでは，現在ワーキングメモリを占有している各情報を「項目」と呼ぶことにしよう。ワーキングメモリには，平均して6個程度の項目を保存できるが，二つの項目を覚えるのは，一つだけを覚えるよりもずっと難しい。だからほとんどの人にとってこの問題を解くのは非常に難しいのだ。というのは，上記の比較的単純な問題で使ったのと同じやり方で計算した場合，数字の44と一緒に323×100を覚えなければならない。複雑な数学の問題ではより多くのステップを踏み，記憶しておかなければならない数字が，より多くの項目で構成されているからだ。

人によってワーキングメモリに保存できる情報量（＝ワーキングメモリの「容量」）には大きな違いがある。ワーキングメモリの容量に関する多くの研究では，容量の小さい実験参加者と容量の大きい実験参加者には結果に違いが見られる。ワーキングメモリの容量は，ほかの重要な認知機能がどのように働いているかを正確に示す。これを見れば，脳に損傷を受けたあとに受ける記憶トレーニングプログラムが有効な範囲や，統合失調症患者の言語能力，個々人の長期間にわたって情報を保存する能力の高さなどを予測できる。容量と能力の関係は常に一方通行だ。ワーキングメモリの容量が大きければ大きいほど，難しい問題を解く能力やIQが高い。乳幼児期であっても，ワーキングメモリの容量は，その人が将来的に論理的にうまく問題を解決できるようになるかの正確な予測指標となる。

幸いなことに，容量を増やすためにワーキングメモリを鍛えることはできる。たとえば，注意欠如・多動症（ADHD）や発達障害の子どもたちはワーキングメモリの容量が比較的小さいと知られているが，記憶ゲームによって容量を増やすことができる。このことは，ワーキングメモリに関連する，より複雑なタスクの成績の向上にもつながる。しかし，これはADHDや発達障害のある人にのみ明らかになっているもので，ワーキングメモリの容量が小さい人全員にこのトレーニングが効くとは限らない。

トレーニングだけでなく，外部の記憶装置を活用することでもワーキングメモリの容量を増やすことができる。難解な数学問題を解くとき，いくつかの結果をステップごとに書き留めておけば，その情報を脳の内部に保存しなくても必要なときにすぐに利用できる。これで前のステップの結果を覚えなくても，外部のワーキングメモリを使ってその後のステップも解くことができるようになる。もちろん，電卓を握って合計を打ち込むだけでもよい。これも外部メモリを利用した方法の一つである。

ワーキングメモリに情報を保存するには，同じことを何度も何度も繰り返す必要がある。1959年に心理学者のロイド・ピーターソンとマーガレット・ピーターソンによって行われたある実験では，実験参加者はCSPやWKL, SRPのような文字列をたくさん覚えるように指示された。文字はほんの一瞬スクリーンに表示されて消え，その後，音が鳴って今見たばかりの文字を答える。このような単純な条件下では，文字が消えてから音が鳴るまでの時間差がほとんどないため，結果は実験参加者間で大した違いが見られず，実験参加者全員が文字を思い出すことができた。しかし，文字が消えたあと，実験参加者にある数字を見せて，次にその数字から順次3の数字を引くように指示し，それと同時に文字を覚えるという，より厳しい条件下では結果は違った。たとえば，実験参加者は文字を見た直後に456という数字を見せられ，453，450，447というように段階的な引き算をしなければならない。この場合，文字が消えてから音が鳴るまでかなり時間が経過するのは容易に想像できるだろう。引き算をすることは，かなりのワーキングメモリの容量を必要とする。10秒間連続して引き算をしたあとでは，彼らはほんのわずかの文字しか思い出せず，18秒後には文字の5％しか正しく答えられなかった。これは，引き算をするためにワーキングメモリを使う必要があったからだ。嘘だと思うなら，数学の問題を解きながら何か話してみればよい。たぶんできないだろう。 計算も会話もワーキングメモリを使用する必要があるが，ワーキングメモリは同時に一つのタスクしか実行できないのだ。

ワーキングメモリ内で何度も暗唱することで，その情報を絶対に忘れないようにし，長期記憶に保存する可能性を高められる。比較的簡単な計算であっても，それはほかの情報がワーキングメモリに保存されるのを妨げてしまい，大切な情報が脳から永遠に失われる可能性がある。だからこそ，高い集中力が必要なときには注意が逸らされるようなことをしないのが重要なのだ。自分が行っている作業に欠かせない情報も，それを考えるのをやめてしまえばあっという間に消えてしまう可能性があるからだ。

ワーキングメモリに保存できる情報は？

さあ，ではワーキングメモリをテストするためにちょっとした実験をしてみよう。下の文字をぱっと見て，目を閉じて文字を思い出してみよう。

USANASANATO

そんなに難しくはなかっただろう。11個の文字列を記憶できたんだぞ！と自慢に思うかもしれない。前述した平均的な保存可能数6個よりもかなり多いからだ。しかし，調子に乗るのはまだ早い。よく知られている記憶を助ける方略を使っただけの可能性が高いからだ。おそらくあなたは，11個の文字列がUSA（アメリカ合衆国），NASA（アメリカ航空宇宙局），NATO（北大西洋条約機構）のような3文字と4文字の頭文字で構成されているのを見て，11個の文字を覚える代わりに3個と4個の文字のかたまりを思い出せば済むように，それぞれの文字をグループ分けしたのだろう。これは「チャンク化」と呼ばれる。チャンク化とは個々の文字，数字，画像をまとめてグループ化することである。こうすれば，項目を別々にすべて覚えるよりも多くの情報をワーキングメモリに保存することができるのだ。

これは，複雑な情報も一つの項目としてまとめればワーキングメモリに保存可能なことを示している。この現象を，電話番号や銀行口座の番号を覚えるときに経験したことがある人も多いのではないだろうか。最近ヨーロッパで導入されたIBANという銀行番号制度は，一見覚えにくい番号を使っている。しかし，IBAN番号がどのように組み合わされているかを知っていれば，すごく簡単に覚えられるようになる。たとえば，銀行コードは文字で構成されているが，これは銀行名に直結している。もちろん，自分のIBAN口座を構成する18個の数字と文字を一つひとつワーキングメモリに保存しておくこともできるが，銀行コードをチャンク化して一つのアイテムとして保存しておけば，ワーキングメモリのスペースを節約することができ，心労が軽くなる。

ワーキングメモリの容量を増やすために使われるテクニックの多くは，情報を効果的にチャンク化することが基本となっている。しかし，その効果は情報の親近性によるところが大きく，個人差がある。たとえば，ある長距離ランナーはレースのゴールタイムという形で数字を記憶した。彼は独力で，なんと80桁もの数字をワーキングメモリに記憶できたのだ。しかし残念ながら，このテクニックは，レースの記録タイムをよく知らない人にはほとんど役に立たない。

これまでの例では，主に数字や文字をワーキングメモリに保存する方法に焦点を当ててきた。しかし，私たちは，視覚的なイメージや歌に心を奪われていることがよくある。ワーキングメモリには何が保存できるのかを確認し，そこに注意を向けるためには，まずワーキングメモリを構成するさまざまな要素を明らかすることが重要である。その知識があれば，個々のタスクを実行するためには，ワーキングメモリのどの部分へ注意を向けるべきかがわかり，同時に実行できるタスクと実行できないタスクをより簡単に見分けられるようになる。

ワーキングメモリ研究の第一人者は，ヨーク大学の講師，アラン･バドリーである。彼のキャリアは1950年代に郵便番号を記憶する方法を研究するところから始まった。当時，イギリスの郵政局は全国的に郵便番号を導入して郵便制度を近代化しようとしていた。今日でもイギリスで使用されている郵便番号については，バドリーの功績によるところが大きい。郵便番号は計6つの文字と数字で構成されており，これはワーキングメモリの容量に基づいた数である。コードを覚えやすくするために，バドリーは，各コードは対象となっている町や都市の名前の最初の2文字で始めることを提案した(Barth市ならばBA)。この部分はチャンク化のおかげで覚えやすくなり，もう少し覚えにくい郵便番号の二番目の部分を間違えた場合でも，最終的には手紙が正しい宛先に届くようにするという利点もあった。この二番目以降の部分は文字と数字で構成されており(BA 27AYなど)，最初の部分との混同を避けるために数字を先に書く。バドリーの方法は見事に成功し，郵便局が最近実施した調査によると，国民の92％が暗証番号や結婚記念日よりも郵便番号のほうが覚えやすいと答えている。暗証番号や結婚記念日は郵便番号よりも文字数が少ないにもかかわらず，郵便番号のほうが，情報のチャンク化と文字と数字の効率的な並び方のおかげで覚えやすいというのだ。アメリカの郵便番号は，場所に関する唯一の手がかりが州名の略語であるため，あまり覚えやすいとはいえない。

郵便番号の研究を終える頃には，バドリーは「記憶」というテーマに夢中になり，最終的には今でも最も影響力のある，ワーキングメモリのモデルを考案した。彼のモデルでは，ワーキングメモリは三つの要素で構成されている。主な要素は「中央実行系」で，これは認知プロセスを開始し点検する役割を担い，船長のように命令を出す。文章を解読するために脳の言語機能の舵取りをしたり，目が何を見るべきかを指示したりするのだ。中央実行系は，ワーキングメモリの二つの記憶システム「視空間スケッチパッド」と「音韻ループ」を利用している。

音韻ループの役割は，音や話しことばなどの聴覚情報や言語情報を保存することである。たとえば，誰かが電話番号を教えてくれたら，その番号を繰り返しつぶやいて何度も何度も聞くことでその番号を音韻ループに保持できる（では，ここからの文章を数行読む間，同時に1，5，8の数字を覚えよう）。

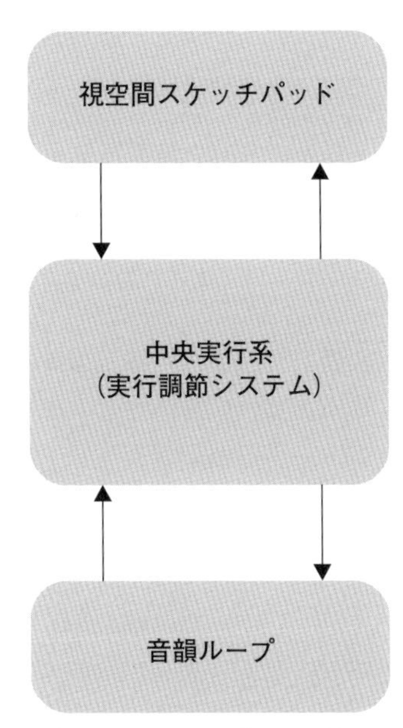

図1.3　ワーキングメモリのモデル。中央実行系（実行調節システム）は空間情報（視空間スケッチパッド）と聴覚・言語情報（音韻ループ）の二つの記憶システムを利用する。

このシステムは，何かを読んでいるときにも有効だ。私たちは，読んだ情報をサイレントスピーチ（声に出さない発話）に変換し，それを音韻ループに読み込ませる。脳の言語領域で情報を処理することで，文章を理解できるのだ。読んだことばの一つひとつは，意味を理解するまでワーキングメモリに保存されている（さて，数字を覚えるのは簡単ではなかったと思う。おそらく数字を完全に忘れてしまったか，最後の数行の文章の意味を把握できなかっただろう）。

ワーキングメモリは，空間情報（視空間スケッチパッド）と聴覚・言語情報（音韻ループ）という二つの記憶システムをもつ記憶装置である。

音韻ループはまた，私たちが考え，最終結論を下すときに使うインナーボイス（内なる声）が存在する場所でもある。文章を読んで理解することと，別のことを考えることが同時にできないのは，同じ処理機能を使っているからだ。また，大声で話しているときに聴覚情報が覚えにくくなったり（「構音抑制」ともいう），自分の名前を言うと同時に誰かの名前を思い出すことができなくなったりするのもこれが原因である。声を出して話すと聴覚情報が音韻ループ内で繰り返されなくなり，結果的にその情報が失われるのだ。同じ理由で，音楽が演奏されているときに，別の曲のメロディーを覚えるのは不可能だ（音楽を聴くのも，音楽を思い浮かべるのも音韻ループを利用する）。したがって，初対面の人の名前を覚えるには，その人の名前を繰り返してから自分の名前を言うのがよいアイデアである。

音韻ループの容量

ワーキングメモリ内の情報を積極的に繰り返さなければならないことを考えると，音韻ループ内の長い単語のリストを思い出すのは，短い単語を思い出すよりもはるかに困難である。自分でやってみよう。

リスト1＝party（パーティー），joke（ジョーク），dog（犬），star（スター／星），walk（歩く），yellow（イエロー）

リスト2＝coincidence（コインシデンス／偶然の一致），cheeseburger（チーズバーガー），telephone（テレフォン／電話），instructor（インストラクター），mouth-watering（マウスウォータリング／食欲をそそる），congestion（コンジェスチョン／混雑）

最初のリストは，一番目のリストよりもずっと覚えやすいことに気がついただろう。長い単語を繰り返すと，ほかの単語のいずれかがワーキングメモリから消去される可能性が高くなる。また，最後に単語を繰り返してから時間が経てば経つほど，その単語を忘れてしまう可能性も高くなる。音韻ループに保持できる単語の数が決まっているわけではなく，その容量は，単語をどれだけ早く繰り返すことができるかによって決まる。

思考やコミュニケーションは言語的なプロセスであるため，私たちの日常生活において音韻ループは非常に重要である。話すときも，本を読むときも，そして独り言をいっているときにも，私たちは絶えず音韻ループを使っている。たとえば何かに怒ったときなど，自分自身を落ち着かせるために内言（音声を伴わない内面化された思考のための道具としての言語）を使うことはよくある。そうやって衝動や心拍数をコントロールすることができるのだ。反社会的なドライバーに出くわすと，彼をありとあらゆる呼び方で罵倒したくなるかもしれないが，内なる声のおかげで実際に声に出して罵倒するのを防ぐことができる。しかしながら音韻ループの処理能力には限りがあり，同時に複数のことを考えることはできないため，誰かに突然話しかけられたりすると，その内容の一部が失われてしまうこともある。

ワーキングメモリには，音韻ループのほかに，もう一つの記憶システム，「視空間スケッチパッド」がある。ここには，視覚情報や場所に関する情報が保存されている。また，何かを想像するときにも使う。たとえば人の顔や自分が生まれた家の間取りなどを思い浮かべると，その情報が長期記憶から取り出され，視空間スケッチパッドに保持される。本棚の上にある赤い本を探しにいくと，視空間スケッチパッドのなかで赤という色が浮き上がって，周囲にあるすべての赤い物体が注意を引きつける。つまり，視空間スケッチパッドに保存されたものを使って探し物ができるのだ。鍵が見つからない場合は，その鍵をイメージすることで効率よく探せるようになる。また，鍵の置き場所を覚えておきたければ，その場所を視空間スケッチパッドに保存する。それは，世界地図にある特定の場所にピンを突き刺すようなものだ。鍵の位置を記憶するには，その位置にピンを刺して，その記憶を視空間スケッ

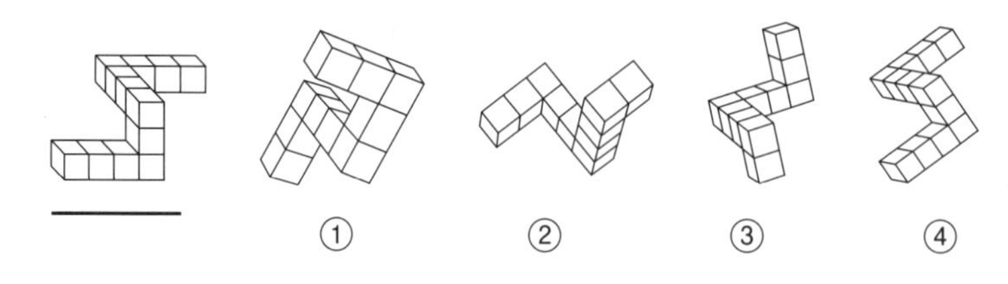

図1.4

チパッドに保存するのである。

視覚情報を保存するだけでなく，視空間スケッチパッド内で情報を「編集」することもできる。たとえば，実際に見たことのない物体を想像して，色を変えたり回転させたりすることができる。上のイラスト（図1.4）を見てみよう。①から④の図形のうち，左の最初の図形を回転させたものはどれだろう？　これに答えるには，視空間スケッチパッドにあるほかの図形を頭のなかで回転させる必要がある。これにかかる時間は，答えにたどり着くまでに踏んだステップ数に影響されるという研究結果がある。つまり，その物体を手で持っているときと同じように，頭のなかで回転させなければならないということだ。ちなみに，正解は④である。

研究によって，スポーツ選手や音楽家は，このような心のなかに思い浮かべたイメージ（心的イメージ）を回転変換する認知的機能（心的回転）が一般の人よりもはるかに優れていることがわかっている。テストをしてみると，スポーツ選手や音楽家はほかの一般の実験参加者よりも反応が速くミスも少ない。物体を回転させるような作業が得意になるようにトレーニングもできる。身体運動の効果は，運動前と運動後に行った心的回転テストの結果を比較した研究で明らかになっている。また，スポーツや音楽を最高レベルで競うためには，自分の行動だけでなく，競争相手や指導者の行動をイメージする力が必要だ。このようなメンタルトレーニングを行うことで，視空間スケッチパッドをより効率的なものにすることができ，心的回転などのタスクをこなす能力が向上するのだ。

また，少々言いにくいが，よくいわれる「男性は女性よりも空間的な問題を解くのが得意だ」というのは，実際にその通りだ。生後3カ月の赤ちゃんでさえも，顕著な違いが見られる。この現象を研究するために，科学者たちは，赤ちゃんがスクリーン上のある物体をどれだけ長く見ているかを調べた。そして，赤ちゃんがある物体を長く見ているということは，その物体がスクリーン上のほかの物体よりも面白いと感じているからだと結論づけた。男児は女児に比べて回転した物体を見る時間が長く，より早く発見する傾向がある。これは，必ずしも男の子が幼少期から心的回転が得意ということを意味するわけではないが，赤ちゃんが回転した物体を認識する方法には違いがあることを示している。ただし，この違いが先天的なものとは限らない。この違いは，男の子が早くから女の子とは違うおもちゃを与えられてきたことに起因している可能性もある。たとえばレゴというおもちゃは，心的回転を必要とする典型的なおもちゃである。シンプルな積み木のように，心的回転が必要なおもちゃはほかにもたくさんあるが，次に女の子におもちゃをプレゼントするときは，レゴのコーナーを探してみるのもよいだろう。

私たちは，文字をチャンク化するのと同じように，視空間スケッチパッドで情報をチャンク化できる。目に見える物体にはさまざまな色や形があるが，この場合，個々の色や形を別々の項目として記憶するだけでなく，複雑な図形全体を一つの項目として捉える。視空間スケッチパッドでは，先程のような複雑な四つの図形をさほど問題なく記憶できる。脳の同じ場所を使って，四つ別々の色や形，あるいは色の違う複雑な形をした四つの物体を記憶できるのだ。このように視空間スケッチパッドは，どんなに複雑なものであってもすべて記憶できる。日常生活では，視覚世界は主に複雑な図形で構成されており，実験で使われるような単純で無色の物体ばかりではないため，これは大きな利点である。

ワーキングメモリにおける注意の役割

音韻ループと視空間スケッチパッドという二つの記憶システムは，ほぼ独立して動く。音声言語は，言語情報が音韻ループに保存されるのを妨げる可能性があることはすでに見た通りだが，物体を心的回転させても音韻ループへの情報の保存を邪魔することはない。心的回転は言語的な作業ではないため，音韻ループのプロセスにはほとんど影響しないのだ。この二つの記憶システムの間で注意が均等に分配されるように調節しているのが中央実行系である。

車を運転しているとき，同乗者がこの先のルートを指示しているとしよう。その指示は言葉による情報であるため，あなたはそれを視覚的なイメージに変換しなければならない。このとき，あなたは音韻ループと視空間スケッチパッドという二つの記憶システムを使っている。ワーキングメモリの役割は，両方のプロセスに十分な注意を払って，すべての情報を保持できるようにすることだ。もしも，視空間スケッチパッドに注意を向けすぎてしまうと相手の言葉が聞き取れず「ちょっと待って，今何て言った？　何て言ったの？」とあわててしまうだろう。そのとき，あなたは音韻ループの情報にあまり注意を払わなかったため，結果的にルートを見失ってしまったのだろう。それと同時に，中央実行系は，あなたにほかの情報を全部無視させなければならない。たとえば，ラジオのスイッチが入っていて，交通情報などの言語情報を伝えているかもしれないが，中央実行系は，あなたがこれらの情報を無視して，必要な情報だけに意識を集中させるようにする。つまり，一種の審判のような役割を果たしているのだ。

ワーキングメモリ内の特定のタスクに意識を集中させることは，集中力を発揮するうえで非常に重要だ。理論的なアテンションモデルでは，このような注意は，ある活動を実行可能にするために必要であるという意味で「実行注意」と呼ばれている。中央実行系の機能を表す言葉としては，ほかにも「認知コントロール」や「実行機能」がある。これらはいずれも一定時間関連する指示に集中し，必要に応じて自分の行動を監視・調整して一つのタスクをうまく実行するという意味において，ほぼ同義である。

テニスをしていて，ある秘密兵器をもっているとしよう。ゲームの重要な場面に直面するたびに，あなたはドロップショット（球がネットの近くに落ちるショートショット）を打つ。第1セットでは，これが毎回成功している。対戦相手はそのドロップショットを予測できず，何度も不意打ちをくらっている。しかし，第2セットでは，相手はこのトリックに気づいていて，あなたがドロップショットを打つたびに打ち返してくる。第2セットを失ったあなたは，自分の戦略を修正する必要があることに気づく。たとえば「相手のベースラインを狙ってショットを打つ」というように，ワーキングメモリに指示を与えているルールを変更し，別の手を選ばなければならない。これが，実行注意が行う「方略を修正する」という働きである。この作業に集中できないと，同じ間違いを繰り返していることに気づかず機械的にプレーを続けてしまうことになる。自分の行動を見直し必要に応じて調整するためには，集中力が必要なのだ。

脳の損傷などでワーキングメモリに問題がある人は，成功した戦略が効果的に機能しなくなっても，時間が経つとその戦略をうまく修正できない。これは「固執」と呼ばれる，ある非常に重要なワーキングメモリの機能を示唆している。この機能があるおかげで私たちは周囲の世界に柔軟に対応できるのだ。この柔軟性は「ウィスコンシンカード分類課題」で測定されることが多い。この課題では，実験参加者は山積みになったカードを特定のルールに従って並べ替えることが求められる。下の絵のように，カードには色（この場合はグレーの濃淡），形，マークの数など分類可能な特徴がある。カードの山は四つに分かれていて，下に示されたカードは三つの特徴のうちのどれかに分類される。色を基準に従って分類するというルールならそのカードは一番左の山に置かれ，形であればそのカードは一番右の山に置かれる。そして量で分類する場合には，カードは左から2番目の山に加えられる。

ある枚数を超えると，仕分けのルールが変わる。ずっと色で分類していた人はマークの数で分類するようにいわれる。テニスの第3セットの大事な場面でドロップショットをしなくなったのと同じだ。こうなると，固執の見られる患者にとっては非常に困ったことになる。新しいルールに従えと指示され，間違えれば，あとでフィードバックを受けて何が間違っているのかがはっ

図1.5　ウィスコンシンカード分類課題の例

きりする。それにもかかわらず，彼らは指示される前のルールに従ってしまうのだ。

子どもや高齢者は，若者に比べてこのタスクを実行するのが難しい。これは，ワーキングメモリを主に司る前頭前野が，脳のなかでは最後に成熟するだけでなく，加齢とともに最初に衰え始める部分だからだ。前頭前野は，自分が実行しているすべての作業をコントロールする能力を司る，いわば脳のコントロールセンターといえる。前頭前野と脳のほかの場所との間には強い神経のつながりがあり，そのため前頭前野には，脳のほかの場所の活動を制御し操作するのに必要な独自の仕組みが埋め込まれている。そしてこのヒトの脳の神経結合はほかの動物の神経結合よりもずっと強力だ。だからこそ，人間はほかの動物よりも計画，組織化，分析，推論に優れているのである。

優れた集中力があれば環境の変化にも柔軟に対応できるようになる。私たちは，状況に応じてルールを変える必要がある。たとえば，上司相手と自宅の隣人相手では話し方も変わる(もちろん，二人が別人であることが前提だが)。また，重いドアを開けるにはかなりの力が必要だが，それと同じ力で軽いドアを開けると痛い目に遭うだろう。毎日同じルートで通勤していれば，たとえ運転中に頭が完全に働いていなくても無事に会社には到着できるが，土曜日の朝にジムへ行くつもりで運転していたのに，着いてみたら会社の前だった，というようなことがあると困ってしまう。私の部署が新しいビルに移転したとき，ルートに集中せず何も考えずに歩いていたばかりに，いつの間にか元いたビルに入ってしまったことがあった。

集中していれば，特定の活動を行う際も注意散漫にはならない。無関係なことに気を取られないようにできれば，継続してタスクを遂行できるようになる。しかし，何かをしているときにまったく気が散らないのが理想的かといえば，実はそうでもない。進化の観点から見れば，集中しているときにまったく周囲を気にしないのは，実は非常に危険なことなのだ。昔の人間は，身の回りに潜んでいる捕食者に気づくために，常に警戒心をもっていなければならなかった。だから，今でも何かに集中しているときに不意に誰かに肩を叩かれたりするとびっくりするのだ。この反射が逃走反応を刺激し，必要に応じて危険から逃げられるのである。

脳は常に周囲の状況を監視しており，危険が迫っている場合には，今やっていることをすぐにやめろという合図を私たちに送ってくれる。そのため脳は，認知神経科学でいう「サーキットブレーカー」注2を使ってワーキングメモリの動きを妨害する。そうすると，脳は自動的に今やっている動作をやめる。あなたがゆったりとくつろいでこの本を読んでいる間も，このシステムは常にあなたが安全かどうかを監視している。このシステムは，普段見慣れない物体をみつけたら，たとえそれが少し離れた場所であってもその物体に反応する脳の組織の集合体で，主に大脳右側の腹側前頭頭頂ネットワークに位置している。私たちはこのシステムをほとんどコントロールすることはできない。また，そうあるべきなのだ。どのみち，危険な状況に陥ったら，何が注目に値するかどうか判断する時間などない。今していることを直ちにやめ，とにかく逃げることが重要なのだから。

「随意的注意」と「反射的注意」には，特徴的な違いがある。随意的注意は，現在ワーキングメモリ内で実行中のタスク（たとえばそのとき読んでいる本や聞いているラジオ番組）に向けられる。反射的注意は無意識的で，自分ではコントロールできず，情報をワーキングメモリに押し込むことができる。反射的注意は，集中力が高まっている間にも周囲を見張り続けるため重要ではあるが，逆に集中を妨げることもある。しかし，集中力を途切れさせる刺激のすべてが警告サインを出しているわけではない。したがって，何かに集中したいときには，できる限り無関係な刺激を排除し，注意散漫のもとになりそうなデバイスを使用しないことが重要だ。これで，携帯電話やパソコンの通知を全部オフにすることが，集中力を高めるには非常に有効であることは，もうおわかりいただけたと思う。

ワーキングメモリがいっぱいでうまく集中できないときは

2016年12月，ある動画がネット上に投稿され，短期間で数百万回の再生回数を記録した。この動画は一見すると，男女二人の生徒が学校の机の上にお互いにメッセージを書き残すという，典型的なアメリカの高校で撮影された無邪気なラブストーリーに過ぎない。二人は動画の最後のほうで実際に会うことになる。しかし，最後のシーンでは，別の生徒が拳銃を振りまわしながら部屋に入ってくる。これは明らかに，アメリカの学校で起きている銃乱射事件を示唆している。この動画は，2012年にサンディフック小学校での銃乱射事件を二度と起こさないようにと結成された，非営利団体「サンディフック・プロミス」によって制作された。

この動画がこれほどまでに見る人の心をつかんだ理由の一つは，ラブストーリーを追うことに全神経を集中させていなければ気づいていたはずのいくつかのサインが，最後になって明らかにされることだ。銃を持って登場する生徒が普段から見せていた，社会から逸脱した行動の例がピックアップされる。彼はほかの生徒との接触を断ち，銃を持つジェスチャーをし，インターネットで銃に関する情報を検索している。これらは皆の目の前で行われているのに誰も気づいていない。この動画が伝えようとしているメッセージはそこだ。「あなたの周りで起こっていることに注意を払ってください。あなたの目の前で，誰かが大量殺人の準備をしているかもしれません」。サンディフック・プロミスのスローガンにあるように，「銃による暴力は，その兆候を知れば防ぐことができる」のだ。

この動画の意図するところは立派だが，実はそのメッセージは間違っている。私たちは一度に一つのことにしか注意を向けられないため，脳に無理な要求をしているのだ。このメッセージの危険なところは，この動画を見たあと，人々が自分の知らないところで行われていたことを見抜けなかったと，罪悪感を抱くことだ。どんなに些細なことであってもそれを見抜くべきだったのに，と後悔する。しかし，自分には見えない所で起こっていることに，絶えず注意を払わなければならないとしたらどうだろう。そんなことをしていたら，本当に大切なことに集中できなくなってしまう。心的外傷後ストレス障害（PTSD）の人たちは，まさにこれに対処しなければならない。PTSDの人が集中できないのは，周囲に危険な兆候がないかどうかを絶えず知らず知らずにうちに気にしているからだ。つまり，ワーキングメモリの一部が常にアクティブになっているため，集中力に大きな問題が生じるのだ。

PTSDは，忘れられないほど衝撃的で，しばしば生命を脅かすようなできごとによって引き起こされた深刻なストレス状況の結果であり，身体的に深刻な傷を伴うこともある。PTSDの研究は当初ベトナム戦争を中心に進められていたが，PTSDに苦しむ兵士の話は，古代にまで遡（さかのぼ）ることができる。通常，PTSDは軍隊に関連しているが，虐待や重大な事故の結果として起こることもある。患者は悪夢に悩まされ，ちょっとしたきっかけで極度の緊張状態に陥る傾向が見られる。ドアがバタンと閉まるのを聞いただけで神経的反応を示すのが典型的な例だ。脳は恒常的なストレス下で活動しなければならず，これはワーキングメモリに深刻な影響を与える。PTSD患者の脳をスキャンして脳活動を調べると，ワーキングメモリに関与する領域に異常が見られる。恒常的なストレスが日常の活動のコントロールレベルに悪影響を与え，患者は常にマルチタスク状態*にあるように見えることがあるのだ。

PTSDではない人でも，不安が集中力を低下させることはよく知られている。恐怖を感じながら本を読もうとしたことがあるだろうか。そんなことは無理だろう。不安になると，ワーキングメモリは常に周囲を監視することを優先する。細部に至るまで綿密に調べ上げるサンディフック・プロミスの動画で推奨されているような行動だ。

誰でもたまには心配事があるものだ。しかし，試験を受けるときのように，あまりに心配しすぎると，緊張で完全にフリーズしてしまうことがある。その場合，心配事がワーキングメモリの容量を奪い，能力を発揮できなくなる（これを「チョーキング」と呼んでいる）。ワーキングメモリの容量は限られているため，特に複雑な作業をしているときにワーキングメモリに負担をかけすぎると，パフォーマンスに影響が出るのは当然だ。これは逆に，不安を和らげることができれば，パフォーマンスが向上するということでもある。ある実験では，これを実証するために実験参加者を二つのグループに分け，難しい数式を解くテストを2回行った。1回目のテストでは特に条件は設けられなかったが，2回目のテストではテスト前にそれぞれのグループに違った条件が課せられた。一方のグループは，10分間何もせずにじっとしていた直後に難しい数式を解くよう指示された。このグループには，目前に迫ったタスクのことを考える余裕があり，さらにはテストの成績次第で報酬を得られる可能性があることを知らされていたため，ことさら緊張していた。もう一方のグループは，10分間じっとしている代わりに，これから受けるテストについて自分の考えや気持ちを書き留める機会が与えられた。1回目のテストではどちらのグループも同じくらいの成績だったが，2回目のテストでは10分間じっとしていなければならなかったグループのほうが，自分の

---

* 同時に複数のタスクが与えられているような状態

考えを紙に書くことを許されたグループよりも明らかにミスが多かった。

さらに興味深いのは，二つ目のグループは1回目のテストよりも2回目のテストの成績がよかったということだ。テストや本番の前に自分の考えや心配事を書き留めておくと，ワーキングメモリを整理でき，さらには研ぎ澄ますこともできるようだ。これは，物理的な世界が外部メモリとして機能することに関連しているかもしれない。この場合，心配事が頭から離れて紙という外部記憶に保存されることで，ワーキングメモリ内に必要な容量が確保されるのだ。

ワーキングメモリの容量には限度があり，負荷をかけすぎるとミスにつながりやすい。ワーキングメモリが情報でいっぱいになると，ほかの活動に使える容量が少なくなってしまうからだ。もしも，実験参加者に「今から難しいタスクを実行しているところを撮影し，そのあとに評価する」と伝えれば，パフォーマンスは低下する。実験参加者はいわれたことに関して考えたことをワーキングメモリで処理しなければならず，ただでさえ難しいタスクを実行するのがさらに難しくなるのだ。コーチが選手に，よく「大事な試合の前には頭のなかを空っぽにしておくように」と言うのはこのためだ。ワーキングメモリの容量は限られており，そこに含まれる情報は脆弱であるため，集中力を維持するのは決して容易ではない。集中力を高めるためには，ワーキングメモリを最大限に活用して不必要なことに気をとられないようにしなければならない。

注釈

1. 感覚記憶に保持されている情報は，アイコニック記憶ではおよそ1秒以内に，エコーイック記憶ではおよそ2秒以内に，減衰すると考えられている。これに対して，エコーイック記憶は，当初，アイコニック記憶よりも長い4秒程度とされたが，その後，エコーイック記憶はアイコニック記憶のうちの「視覚的持続」に相当する数百ミリ秒の保持時間をもつ成分と10秒程度持続する成分の二つからなると考えられている。
2. 一般に，電気回路は一度に大量の電気が流れると破損するので，それを防ぐために電気の流れを遮断する装置（ブレーカー）が設けられている。脳神経においても，一度に大量の情報が入って神経回路に負荷がかかりすぎることのないように，情報処理を一時的に遮断するメカニズムが働くと考えられる。

第2章　マルチタスクを行うとき，行わないとき

アメリカの一流企業，プライスウォーターハウスクーパース社の会計士ブライアン・カリナンは，自分はものすごくラッキーな仕事を手にしたと思っていた。彼は2014年から毎年アカデミー賞の授賞式で受賞者の名前が入った封筒をプレゼンターに渡す役を任されていたのだ。彼と同僚のマーサ・ルイスは，投票が正確に数えられているか，受賞者の名前が入った封筒がきちんと順番に並べられているか，そして当日，正しい封筒が正しく手渡されているかを確認する役を任されていた。授賞式の1週間前に行われたBBCのインタビューで，彼らは「投票の手順は完璧だ」と胸を張った。映画芸術科学アカデミーの会員による7,000票の投票は何度も数えられ，結果は封筒に入れ封印されて金庫に保管される。封筒はブライアン用とマーサ用の2セットが用意され，厳重な警備の下で彼らは別々に授賞式会場へ向かう。用心に用心を重ねていた。授賞式では，ブライアンとマーサはステージの両側に立ち，プレゼンターがどちら側から登場しても，その人に発表直前に正しい封筒を渡せるように準備をしていた。ブライアンとマーサのどちらかが封筒を渡し，渡さなかった者が同じ内容が書かれた封筒のコピーを処分すればよいのだ。それなのに，一体どこでどう間違えてしまったのだろうか。

2017年，このグラミー賞授賞式の長い歴史上，前代未聞のハプニングが起きた。マーサは映画『ラ・ラ・ランド』で主演女優賞を受賞したエマ・ストーンの名前と作品名が書かれたカードが入った封筒をプレゼンターのレオナルド・ディカプリオに手渡したところだった。主演女優賞の次に発表されるのは，この夜に最も重要な賞である作品賞だ。しかし，ブライアンの側から舞台に上がった作品賞のプレゼンターである映画監督ウォーレン・ベイティと女優フェイ・ダナウェイは，ブライアンから間違った封筒を手渡されてしまった。ブライアンは，主演女優賞の封筒を処分し忘れていて，あろうことかそれをウォーレン・ベイティに手渡してしまったのだ。ステージ上で封筒を開けたウォーレン・ベイティは，「『ラ・ラ・ランド』のエマ・ストーン」と書

かれているのを見て一瞬戸惑ったように見えたが，もう一人のプレゼンターで発表役のフェイ・ダナウェイに封筒を渡してしまった。彼女が早く発表したくてたまらなそうにしていたからだ。彼女はカードに印刷された映画名『ラ・ラ・ランド』を受賞作として読み上げた。その上に書かれたエマ・ストーンの名前には気づかなかったのだ。

このミスが発覚したときには，『ラ・ラ・ランド』の製作者たちは，すでに受賞スピーチに追われていた。主催者もまさか封筒を間違えて渡すような事態が起きるとは思ってもおらず，間違いを訂正するのが大幅に遅れてしまったのだろう。ブライアン・カリナンは，授賞式の前に『ハフィントン・ポスト（現ハフポスト）』紙のインタビューで，「違う封筒を渡すなんてことが起こる可能性はほとんどないので，その準備をする必要はないと思います」と，間違えたときの対処方法を考えていなかったことを認めている。結局，スピーチの途中でマーサとブライアンがステージに上がって混乱を収めることになり，その後，ミスがあったことが観客に知らされて，オスカー像は本来の受賞作『ムーンライト』に贈られた。

どうしてこんなことが起きてしまったのだろうか。色々な憶測が飛び交うなかで，ある事実が浮かび上がってきた。ブライアンはツイッターの熱心なユーザーだ。授賞式までの数カ月間，彼は授賞式を楽しみにしていることや，授賞式の手順についての一部始終を定期的にツイートしていた。そして問題の夜にもたくさんのツイートを投稿した。そこには，エマ・ストーンが主演女優賞を受賞してバックステージに帰ってきたばかりの写真もあった。のちに彼はこのツイートを削除したが，すでにエマ・ストーンがオスカー像を手にステージを降りた直後に投稿したことがばれてしまったあとだった。ブライアンはツイートをしている暇があったら，その間に主演女優賞の封筒を処分し，プレゼンターが自分の側からステージに上がってくることを想定して次の封筒を用意すべきだったのだ。しかしブライアンにとっても関係者全員にとっても不運なことに，プレゼンターは彼の側からステージに上がってしまった。このエピソードは，主催者側の大失態というだけでなく，プライスウォーターハウスクーパース社にも多大な迷惑をかけた。数日後，同社はプレスリリースを発表し，この事件の全責任を認めた。

ブライアンに課せられたタスクはそれほど難しいものではないが，何も考えずにできるものでもない。封筒の管理にはワーキングメモリが必要で，この作業とほかの作業（たとえば，ツイートの投稿）が重なると，ワーキングメモリは二つの作業を同時にこなさなければならない。そこに問題がある。私たちの脳は，ワーキングメモリを使用する別の二つのタスクを同時に実行できないのだ。もしも，「自分は複数のことを同時に難なくこなせる」と思っているなら，それは単なる幻想にすぎない。二つのタスクをすばやく切り替えているため，あたかもそれらを同時に行っているように思っている。しかし，実際にそうでないことは，脳を観察すればわかる。二つのタスクを実行する脳の領域は，同時ではなく交互に活動していて，脳は二つの活動を絶え間なく切り替えなければならなくなる。つまり正確にいえば，マルチタスクとは，タスクを同時に実行するのではなく，切り替えているのだ。

しかし，タスクの切り替えはそんなに簡単なものだろうか。そして，それは脳に悪影響を及ぼすことなくできるのだろうか。もしもブライアンがスマホでエマ・ストーンの写真を撮って世界に発信しなければ，こんなミスは犯さなかったのだろうか。それとも，やはり同じようなミスを犯したのだろうか。これら疑問に答えるためには，課題切り替え（タスク・スイッチング）という実験を見る必要がある。実験心理学は特定の研究分野に関心をもつさまざまな研究者のグループで構成されている幅広い研究領域で，それぞれが独自の学会を開催し，独自の学会誌に独自の論文を掲載している。そのなかのあるグループは，タスク・スイッチングの研究にすべての時間を費やしている。なぜなら，タスク・スイッチングは，私たちの脳がどれくらい柔軟に周囲の世界との相互作用が可能なのか，驚くほど多くのことを教えてくれるからだ。たとえば，私たちは日常的に，何番ホームから電車が出るのか確認しながら財布を探って定期券を見つけ，人にぶつからないようにしながら電車に間に合うように走る，といった具合に，状況に応じて何か違うことをするように求められている。

研究室では，この切り替えをもっと抽象的なタスクを用いて研究しているが，原理は同じだ。たとえば「数字文字移行課題」では，実験参加者は数字と文字を交互に分類するように指示される。それぞれのタスクの前に「数字」または「文字」という言葉が表示され，そのあと，画面に数字と文字の組み合わせが表示される（例：2B，N3）。数字に関するタスクの場合，実験参加者は見た数字が奇数か偶数かをできるだけ早く答え，文字のタスクでは，その文字が母音なのか子音なのかを答えなければならない。最初に文字のタスク，次に数字のタスクというようにタスクを切り替えることもあれば，数字のタスクを２回続けて行うなど，同じタスクを繰り返すこともある。

二つのタスクを切り替えて行うと，同じタスクを繰り返して行うよりも反応が遅くなることは，世界中で行われている同じような研究から明らかになっている。これは，学習や仕事など広範囲にわたって影響を及ぼす可能性がある。ワーキングメモリを使用して行うタスクの切り替えには，反応時間やミスの数といった面で常に犠牲が伴うのだ。一つのタスクに集中しているときよりも，複数のタスクを切り替えながら遂行するほうが時間がかかり（これを「切り替えコスト」と呼ぶ）ミスも多くなる。前に述べたように，注意を必要とするタスクには，すべてワーキングメモリを使用する。どの程度使用するかは，タスクの難易度による。同じようにワーキングメモリを使っても，複雑なタスクを実行するときのほうが，簡単なタスクをこなしたときよりも切り替えコストは高くなる。たとえば，部屋が散らかっていると，比較的きれいな部屋を片付けるよりも時間がかかるようなものだ。

また実験参加者が切り替え後にどのタスクを実行しなければならないかを事前に知っている場合には，切り替えコストは少なくて済む。あらかじめ次にどんなタスクを実行しなければならないかわかっている場合は，いったんワーキングメモリをクリアにして次のタスクに備えられるからだ。ある実験では，実験参加者に難しいジグソーパズルをつくるように指示したあと，しばらくしてから急にその作業を中断して，より簡単な別の作業に切り替えるように指示をした。すると，ジグソーパズルを完成させてきちんとワーキングメモリをクリアにしてから次の作業にとりかかったときよりも，急に別の作業に切り替えなければならなかったときのほうが，パフォーマンスがはるかに低下したという。これは，図らずも外部からの指示によってタスクを中断させられると，自分で切り替えを選択したときよりも脳にかかる負担が大きいことを示している。予期せず自分の作業を中断させられると，ワーキングメモリを完全にクリアにできず，前のタスクの残骸がワーキングメモリに残ってしまう。そして，次の作業に持ち越す残量が大きければ大きいほど，切り替えコストは高くなる。

興味深いことに，これらの科学的研究では，タスク間の切り替え能力について性差はまったく見られなかった。しかし，いくら入念な科学的分析をしてきたとしても「女性のほうが男性よりもマルチタスクに長けている」という神話はいまだに根強く残っている。この主張を裏づける証拠はまだ見つかっていない。しかし，タスクを切り替えるのが得意な人がいることは知られている。性別に関係なく，そういう人たちは時間と労力をかけずにタスクを切り替えられるのだ。

メディア利用とマルチタスク

勉強や仕事に集中すべきときに，しょっちゅうメールチェックやネットサーフィンをしている人はどこにでもいるだろう（実際，あなたもその一人かもしれないが）。たとえば，テレビを見ながらスマホでFacebookをチェックし，同時にタブレットでTwitterを見るなど，95％の人が，平均すると1日の1/3をさまざまな（ソーシャル）メディアを同時進行でチェックしている。スタンフォード大学の研究者は，スマホやノートパソコンなどでさまざまなメディアに長い時間を費やしている人は，メディアの使用頻度が低い人に比べて切り替えコストが高いことを発見した。何種類のメディアを利用するかを知れば，その人の脳がどれだけ効率的にタスクを切り替えられるか予測できる。さらに，メディアを多用する人は数字文字移行課題の成績が低いだけではなく，外部から入ってくる情報に気をとられやすく，特定の文字を記憶する「記憶課題」の成績も悪かったという。

一見すると，この結果はとても意外に思えるかもしれない。私たちは多くの時間をマルチタスクをして過ごしているのだから，脳はタスク間を絶えず切り替えができるようになっているはずだと考えるのは当然だ。しかし実際にはそうではない。実は，私たちは自分のマルチタスク遂行能力を過大評価しているふしがある。あらゆる実験で，人は自分のマルチタスク能力とその成果を把握するのがかなり苦手であることが証明されている。若い人たちは，自分は6，7種類のメディアを同時に使いこなせると思っているが，年齢に関係なくそんなことは不可能なのだ。

マルチタスクが集中力の低下につながることは明らかだが，それがずっと脳にダメージを与え続けるという根拠もない。しょっちゅうマルチタスクをしている人のメディア利用に関する調査結果を見れば，タスクを頻繁に切り替えると脳に悪影響を与え，脳の効率を低下させるという結論に達するかもしれないが，それとはまた別の可能性もある。つまり，マルチメディアを多用しても脳には永続的な影響はまったくないというものだ。むしろその逆で，集中力がない人ほど，さまざまなメディアを同時に使用する傾向があるのかもしれない。つまり，気が散りやすい人ほど，複数のメディアを同時に使う傾向が見られるともいえるのだ。

考えてみれば，これはあり得ない話ではない。気が散って仕方がない人は，自然とマルチタスクをする傾向が強くなる。スマホの通知やタブレットがそばにあるだけで注意散漫になり，何をしていても気が散ってしまうのだ。そしてこれは，脳の効率がよくない人ほど起こりやすい。マルチメディアの利用が増えたからといって，それが永続的に悪影響を及ぼすという証拠はないが，マルチタスクの機会が増えることは，集中力が続かない人にとっては重大な問題になることはわかっている。

職場でのマルチタスク

気がつけば，仕事中に複数のことを同時に行っていることはないだろうか。調査によると，ほとんどの人がそうしているという。もちろん，どんな仕事をしているかにもよるが，特に共有オフィスで仕事をしている場合には，結果がはっきりと出ている。共有オフィスでは，自分専用のオフィスがある場合よりもはるかに気が散りやすい。タスク・スイッチングは，ほかの人に邪魔されて起こる確率が高いことがわかっている。

2005年，一般的なオフィスワーカー（金融アナリストやソフトウェア開発者など）を対象とした観察調査が行われた。ストップウォッチとメモ帳を使って，社員の1日の行動や活動を記録したのだ。対象となった社員は同時に複数のプロジェクトに取り組んでいたため，一度に複数の仕事をこなさなければならないことが多かった。700時間観察した結果，社員は平均して11分ごとに作業を中断して別の作業に移るケースが多いことがわかった。途中で入ってきた仕事の内容は，電話応対，同僚からの質問，メールの受信などで，もともとやっていた作業と直接関係のない業務を行った場合，元の作業に戻るまでにはさらに25分かかっていた。

また，すべての切り替えが外部から中断されたことによって起こるものではなかった。社員は自分の意思で仕事を切り替えることもあったのだ。のちに行ったインタビューで，彼らは「本当は切り替えたくはないが，プロジェクトごとに優先順位が違うので仕方なく切り替えている」と答えている。つまり，一つのプロジェクトに長く集中する代わりに，さまざまなプロジェクトで必要最低限の仕事しかできなくなってしまったのだ。自分が関わっているプロジェクトで，現時点で何が最優先タスクなのかを常に把握しておかなければならないからだ。

タスク・スイッチングをしてしまうもう一つの理由は，集中力の欠如である。多くの社員は一つの作業を長時間続けられず，10分しか経過していないのに電話をかけたり，メールをチェックしたりしてしまう。オーストラリアの通信会社が行った調査によると，ほとんどの社員が，一つのタスクを集中して作業する時間はせいぜい10分未満で，平均するとたった3分だという結果が出ている。繰り返しになるが，タスクの切り替えの原因の多くは，外部から別の仕事が入ってきたことによって仕方なく中断したというものではなかった。実際，86回あった切り替えのうち65回は社員自身が始めたものだった。これらの切り替えのほとんどは，コミュニケーションに関係していた。ほとんどの場合，社員は新しいメッセージが届いていないかどうか確認していただけで，実際にはそのような通知は受けてもいなかった。受信箱に何か新しいものが入っていないか，ちょっとチェックするだけなのだが，それはもはやメールチェックが癖になっているといっても過言ではない状態だ。

メールボックスに何か新しいものが届くと，特にスマホで受信したメッセージにはすぐに返信したくなるものだ。ゼロックス社の社員を調査対象としたあるケースでは，メッセージへの平均反応時間は1分44秒以下で，調査対象者の70％は6秒以内に返信していた。このスピードでは，1文を書き終えるのがやっとだろうが，すぐに返信しないと送信者が電話を切ってしまうのではないかと心配になるため，電話が鳴ったときと同じようにメッセージの着信音に反応してしまうのだ。ゼロックス社の例では，メッセージへの返信のついでに社員はほかのコミュニケーションツールやメディアを開き，ちょっと休憩してしまうような感じになったが，そもそもメッセージを受け取らなければそのような状態にはならなかったのだ。そして，元の仕事に戻るまでに，平均して68秒かかっている。これは，確かに電話に対応するときよりも早かった。とはいえ，仕事を中断されたあと，それまで自分が何をしていたのかを正確に思い出し，ワーキングメモリを再び活用できるようになるまでには，少し時間がかかっていた。

上記のオーストラリアの企業では，一つのプロジェクトで社員が中断せずに作業していた時間は平均10分以下だったと書いたが，こんなに短時間で本当に何かに没頭できるのだろうか，と疑問に思われても不思議はない。一定の間隔でタスクを切り替えていると，取り組んでいる仕事の本質にたどり着けず，結局は表面的なものになってしまう。もちろん，これは仕事の種類に大きく左右されるが（すべての仕事が高い集中力を必要とするわけではない），問題は，集中力を必要とする状況でも同じような行動をとってしまうかどうか，そして集中力が必要な仕事かどうか違いを見分けられるかどうかである。たとえば，メッセージがきたらすぐに返事をするように指示する上司や，パソコンにチャット画面を開いておくように指示する会社では，ほかの人よりも反応が速いと，その速さが仕事に対する熱意として称賛される。このような社員が飛躍的な成果を上げ，本当に会社に最も貢献している社員なのだろうかと疑問に思うだろう。なぜならば私たちは，これまで，そして今でも，重要な発見や発明は屋根裏部屋のような孤独な空間でなされていることを昔から知っている。そしてそこは，最も注意散漫になりにくく，また最も集中できる場所だと思っているからだ。

マルチタスクにプラス面があるかどうかを調べるために，タスクを頻繁に切り替える労働者の生産性や経験についても多くの研究が行われてきた。この研究で興味深いのは，タスクを切り替えても，個々のタスクにかける時間が長くなるとは限らないが，ストレスやフラストレーションは増え，結果的に仕事量が増すと判明したことだ。急ぎの仕事があったり，何度も何度も仕事を中断されたりとすぐにイライラしやすい人は特に心当たりがあるだろう。私の学生たちは，私の研究室を訪れたときに，ノックに対して私が「はい」と応える声を聞けば，この1時間で何人がドアをノックしたかわかるという。誰かが何かを聞きにきたとき，私は決してイライラした態度をとっているつもりはないが，重要な論文を書き終えようとしているときにはそういった状態になってしまうことがある。しかしそのあとは，ロスタイムを取り戻そうと必死になるばかりで，急いだ結果あまりできのよくない論文になってしまうのが常なのだ。

しょっちゅう仕事を中断されると，方針転換を余儀なくされ，急ぐあまり作業効率が下がってしまうことがある。頻繁にタスクを切り替えるタスク・スイッチングを行うと，コルチゾールやアドレナリンなどのストレスホルモンが分泌されることが研究で確認されている。もちろん，ストレスホルモンは生命の危機に瀕したときには非常に有効だが，通常の仕事をしているときにはほとんど役に立たない。ストレスホルモンの分泌が攻撃的な行動につながることはよく知られており，ストレスが健康に及ぼす悪影響については数え切れないほど多くの本が書かれている。さらに，常にタスクの切り替えをしていると，オフィスの雰囲気も悪くなっていくだろう。一日中仕事が中断されるのを我慢していたら，どんな気分になるだろうか。ストレスホルモンが長期にわたって体内に溜まると疲労が蓄積する。一日中，何かをやめたり始めたり，またやめたりを繰り返していれば，疲労困憊（こんぱい）してしまっても不思議はない。

「注意」の研究という観点から見ると，大規模な共有オフィスとはなんとも妙なアイデアだ。長年の研究により，注意散漫が脳に与えるダメージは非常に大きいことがわかっている。背後で電話の音が聞こえるたびに，そちらに注意が引きつけられて脳が混乱してしまう。それなのに，企業は相変わらず社員を共有オフィスに押し込んでいる。同じスペースを使用することが協力体制の強化や経費削減につながることも事実だが，問題は，そこから得た利益が同僚の会話や動きに常に気をとられることによって起こる損失を補えるかどうかだ。いちいちよそに気をとられると，その都度自分が作業しているものから注意を引き離すことになり，タスク・スイッチングを余儀なくされてしまうのだから。

マルチタスクと学習

私たちの脳は，高齢になっても学習できるようになっている。正しく行為が遂行されると，その行為を行うためのニューロン間の経路が強化される。逆に，その経路は，ずっと使わずにいれば，時間の経過とともに弱くなっていく。このようなプロセスを経て，脳は日常的な作業をより効率的に行えるようになる。情報を記憶することにも同様の仕組みが働く。たとえば算数などは，関連する経路が強化されることで得意になる。何かを学ぶためには，自分が学びたいことに完全に集中しなければならない。一度に複数の作業を行うと，学習能力が低下する。複数の作業をしながらでも学習はできるが，あとになってその情報を思うようにうまく使えないため，学習効果は長続きしない。実はマルチタスクで学習するときは，一つのタスクに集中しているときとは脳の違う領域を使用しているのだ。

ある研究では，実験参加者に複数あるトランプの組を二つのグループに分けるように教示した。実験参加者はどのカードにどんなルールが適用されるのかを覚える必要があった。いくつかのセットでは何も邪魔は入らなかったが，ほかのセットでは，ルールを覚えながらヘッドホンで高音と低音を聞き，高音を何回聞いたかを記憶しなければならなかった。これ自体はルールを覚えるうえで悪影響はなかったが，ルールを思い出すほうに影響が出た。次のセッションでそのときに使用したトランプのセットを使って分類してもらうと，音を聞きながら覚えたルールは，なかなか思い出せなかった。

この実験はMRIを使って行われたため，実験参加者が学習しているときに脳のどの領域が活発に働いているかを確認できた。集中している状態では，海馬（かいば）が活発に活動していた。海馬は情報を処理したり，保存したり，長期記憶から取り出したりするのに重要な役割を果たす。たとえば，昔の同級生の名前をワーキングメモリに読み込ませたいときには，海馬は（たいていの場合は）長期記憶から正しい名前を取り出せる。実験参加者がヘッドホンで音を聞きながら学習していたとき（つまり，マルチタスクをしていたとき），海馬の活動はかなり低下していたか，あるいはまったく活動していなかった。つまり新しい情報が保存されなかったため，あとから取り出すことができなかったのだ。

この種の研究結果が科学の主要な出版物の一つである『米国科学アカデミー紀要（*Proceedings of the National Academy of Sciences*）』のような，高い評価を受けている科学雑誌に頻繁に掲載されていることは注目すべきだろう。この権威ある雑誌に上記のような研究結果が掲載されたのは，「学習」という概念が非常に重要だと認識されているからだ。もしも，マルチタスクが人間の学習能力に悪影響を及ぼすのであれば，子どもたちの教育方法にも大きな影響を与える。生徒の注意が一つのタスクから別のタスクに移ってしまうことが常態化すると，教育に支障をきたすことになる。行動観察の研究によると，家で勉強しているときには，何にも邪魔されずに一つのタスクに集中している時間はほとんどなかった。教科書の重要な項目を勉強しなければならないと言われても，そのタスクに3分から5分以上集中することができないのだ。驚くことでもないが，SNSやチャットメッセージが主要な妨害要因であると認められた。また，勉強中のSNSの使用と学校での成績との間には強い相関関係があり，使用頻度が高いほど成績が低いことも判明した。

マルチタスクで頭が悪くなる？

「マルチタスクで頭が悪くなる」という考えは，あまりにも短絡的だが，ロンドン大学のグレン・ウィルソンが最近行った研究を見れば考えが変わるかもしれない。ウィルソンの研究は，マルチタスクや新しいメディアが私たちの認知機能に及ぼす影響について書かれた多くの書籍（ダニエル・J・レヴィティン著の，影響力のある書籍『The Organized Mind』（2014年，Penguin Books）など）で取り上げられている。ウィルソンの研究では，マルチタスクの可能性があるだけで，IQが10ポイント低下することが明らかになった，としている。彼はまた，それを新しい現象である「インフォマニア*」と結びつけ，マルチタスクによって低下するIQのポイントは，マリファナを吸ったときよりも大きいと主張している。この研究は，科学者の間では非常に人気がある。というのも，ほとんどの人が，IQが10ポイント下がることがどういうことかを想像できるからだ。

しかし，多くのメディアが，ウィルソンの研究の真偽を問うために多大な時間と労力を費やしてきた。というのも，まず，この研究はヒューレット・パッカード社が費用を負担しており，そのうえ著名な学会誌に掲載されたことがないのだ。後者についていえば，この研究がかなりあやふやな土台の上に成り立っているので当然だといえよう。たとえば，実験参加者の数が少なかったり（たったの8人），マルチタスクといわれるものが単に気が散っているような状態と混同されがちだったりする。IQの低下が報告されたとするのは，電話やメールの着信が多い状況だった。これらの刺激は，人を注意散漫にさせる原因にはなるがマルチタスクの可能性を生み出す要因ではない。無関係な音や過剰な視覚刺激が，パフォーマンスに悪影響を及ぼすことは誰もが知っている。グレン・ウィルソン自身も，自分の研究がメディアの注目を集めていることにショックを受けた。最初は，科学者としてちょっとした副収入を得たと思っていたのに，いつの間にかメディアや多くの人気科学誌が彼のアイデアに注目していたからだ。結局，彼は自分のウェブサイトからこの研究を削除し，メディアが彼の研究結果をいかに誤解しているかを説明する短い文書を掲載して，この問題に関する研究を終了することにした。今日では，マルチタスクの可能性があるからといって，IQが10ポイント下がるわけではないと安心して結論づけることができる。

＊ 情報収集に異常なほど夢中になったり，仕事中，休憩中を問わず，メールやニュース，SNSの着信（ここは「更新」でもよい）が気になって，何度もチェックすることでストレスの蓄積や注意レベルの低下などを引き起こしたりすること。

マルチタスクと学習

残念ながら，人生のすべてがNetflixの人気シリーズのように魅力的なものではない。特に学生は，勉強している内容が退屈で複雑な場合，いつまでも集中できるものではないと感じている。これは，教室や講義室にスマホやSNSが持ち込まれることでさらに悪化する。インターネットの普及により，現代の学生にとっては注意を散漫にする要因が爆発的に増えたからだ。メルボルン大学のテリー・ジャッドは，静かに自習するように指示された1,249人の学生が受けた3,372回のオンラインセッションを分析した。その結果，ほとんどすべてのセッション（99％）で，マルチタスクの兆候が見られた。彼らは勉強にほとんどの時間を費やしてはいたが，9.2％の時間をFacebookに費やしており，全セッションの44％でFacebookへの長時間ログインが見られた。また，Facebookを開いた学生たちは，集中して一つのタスクに取り組む時間が短く，頻繁にタスクを切り替える傾向が強かった。

別の研究によると，学生が一つの学習課題に集中できる時間は平均たった6分しかないことが明らかになっている。これにはちゃんとした理由がある。

ある研究では，学生たちに28日間のメディア利用状況を記録し，定期的に満足度を報告するよう依頼した。その結果，学生はメディアを使わずに勉強するよりも，勉強中に定期的にメディアにアクセスするほうが楽しいと感じていることがわかった。また，勉強中にテレビなどを見ていた学生は，テレビを見なかった学生に比べて，時間の使い方に満足していると答えている。彼らは「自分が期待していたよりも勉強の成果が上がらなかった」と言ってはいたが，気分はよかったようだ。基本的に彼らは，テレビがついていたほうが勉強が楽しくなると感じていたのだ。

そして，自分の行動を1日に3回記入する装置を32人の学生に4週間装着してもらい，この装置を使ってマルチタスクを行っているかどうか，行っている場合にはどのメディアを使っているかを記録した。これらの測定でも「勉強時間中に毎回当初の目標を達成できたわけではないが，自分がメディアを使って過ごした時間には満足している」と答えた学生が多かった。さまざまなメディアを使うことでマルチタスクにはなるが，そうすることによって精神的な満足感が得られていたのだ。

効率的な学習とSNSの利用の相関関係をどのように解釈すればよいのだろうか。SNSの存在は，本当に成績の低下につながるのだろうか。ここで，宿題をするときにチャットが学生の集中力に与える影響について調べた2007年の研究を見てみよう。この研究に関わった研究者たちは，オンラインチャットの人気が高まっていることから，学生たちはマルチタスクに傾倒し，その結果，勉強に集中できなくなっているのではないかと予想した。そこで，チャットが勉強に与える影響を立証するために学生にアンケートをとり，チャットに費やした時間とどれくらい自分が勉強に集中できたと思うかを記入してもらった。その結果，勉強中にチャットをしている時間が長い学生は集中しにくく，空き時間に本を読むことが多い学生（チャットをしている時間が少ない学生）のほうがはるかに集中力が高いという明確な結果が得られた。

これらの相関関係を見ると，オンラインチャットが勉強中の集中力の低下につながるという結論を導き出したくなる。また，講義中に学生が送ったテキストメッセージの数と最終成績との間に相関関係があることや，マルチタスク全般と学生の平均的な成績との間に相関関係があることを示したほかの研究にも同じことがいえる。この本の巻末には，これらのような例を数多く掲載してあり，関連文献にもまだまだたくさんの例が掲載されている。この相関関係は，想像し得るあらゆる種類のメディアとの間で明らかになっている。Facebook，WhatsApp，Twitterなど，枚挙にいとまがない。私がこれまでに出合ったこのテーマの論文で最も優れたものは，『No A 4 U』*である。

しかしながら，これらの研究の問題点は，すべてが相関関係をベースにしたもので，概ね同じ手法で行われていることだ。科学者たちは，アンケートを使ってメディアの使用状況を測定したり，より正確な結果を得るためにコンピュータの履歴を参照したりしてから，実験参加者の特定のタスクにおける成績を測定し，メディアの使用状況と成績を比較している。その結果，メディアの使用量が多いほど，マルチタスクの発生率が高くなり，成績が低下するという負の相関関係を立証している。しかし，一方がもう一方の結果を引き起こしていると断定することはできない。相関関係は因果関係を示すものではないからだ。学生の成績が悪いのは，メディアを多用した結果だと結論づけたくなるが，それが唯一の結論ではない。逆に，「成績が悪くなると，メディアの使用量が増える」という，まったく同じデータを使った真逆の説も考えられるのだ。

さらに，三つ目の可能性として，当人の精神的な適性など，相関関係の背景に何か別のものがあるとも考えられる。メディアの違いによって気が散ってしまう度合が違うのには，それなりの理由があるのかもしれない。ほかの人よりも集中力が低く，現代のメディアに気をとられやすい人もいる。一昔前なら，そんな人たちは，空き時間にサッカーボールを蹴ったり，授業中にぼーっとして座ったりしていたのだろう。成績不振の原因がメディアの多用にあると断言はできない。成績の悪さと結びつけるには，メディアの使いすぎを引き合いに出すのは非常に都合がよいのではあるが。

この問題は，わずかな栄養学的研究の結果をもとにして，食べ物と病気との因果関係を結論づけることはできないこととまったく同じ理由による。摂取することと，特定の病気にかかりにくいこととの間には負の相関があるか

---

* マルチタスクと学業成績の相関関係について書かれた論文。タイトルの"No A 4 U"は，"No Grade A for you（これではよい成績が得られない）"を意味する。

もしれない。だからといってその魚を食べれば必然的にその病気にかかる可能性が低くなるというわけではない。もちろん魚を食べることは，定期的な運動と同様に健康的なライフスタイルの重要な要素として広く認められている。しかし，ここで重要なのは健康的なライフスタイルであって，フィッシュオイルではない。

短絡的な結論を導き出す要因を正す方法はあるが，この種の分析では，何を補正したらよいのかが明確でないことが多い。もう一つ興味深い点は，このような研究結果を報告した科学論文には因果関係に関する記述がほとんど明記されていないのに，研究に関するメディアの報道には因果関係がしばしば記されていることだ。相関関係について述べたこの短い節の最後に，オランダのウェブサイトで見つけた2004年10月28日のニュースを紹介しよう。この記事の矛盾を見つけるのは簡単だが，読者が次に「ある食べ物が健康によい」という記事や，「Facebookの利用が幸福感に与える影響」などといった記事を読むときには，このニュースのことを思い出してほしい。

歯がない人は記憶が悪い

ストックホルム発——歯科医が患者の歯をひっこ抜くたびに，患者の記憶力の一部も消滅している可能性があることが，先週金曜日にストックホルムで発表された研究結果からわかった。「歯は，どうやら私たちの記憶にとって非常に重要なもののようです」とジャン・バークダールは述べている。彼は心理学の講師も務めている歯科医で，1988年から現在まで，35歳から90歳までの1,962人を追跡調査したこの研究論文の著者の一人である。この研究では，自分の歯が残っている実験参加者と，総入れ歯の実験参加者の記憶力を比較した。

バークダールによれば，「自分の歯が一本も残っていない人は，明らかに記憶力が悪い」とのこと。スウェーデンの研究では，一本の歯を抜くことが記憶に与える影響については何も言及していないが，科学者たちは，この研究をさらに進め，何本歯を抜いたら記憶力に影響が出るのかを調べたいとしている。

因果関係を証明するにはどうすればよいのだろうか。それには，実験的な研究手法を用いるしかない。実験参加者を無作為にいくつかのグループに分け，それぞれのグループに異なる条件を与える。この場合，グループは，年齢や教育レベルなどの最も重要な要素がすべて等しくなるように構成しなければならない。このようにして，グループ間の結果の違いは，実行された実験操作に基づいてのみ説明できる。つまり，フィッシュオイルの摂取が特定の病気にかかる可能性に影響を与えるかどうかを調べたい場合は，フィッシュオイルを長期間使用するグループと使用しないグループ（統制群）の二つのグループをつくる必要がある。観察期間終了後，どの実験参加者がその病気になったかを確認し，両グループにおける割合を比較する。また，二つのグループが同じようなライフスタイルを送っていること，コントロールグループがそのフィッシュオイルを使用していない，あるいは少なくとも一定量以上は使用していないことを確認する必要がある。もちろん，現実的にもコスト的にも，このような研究を実施するのはほとんど不可能なのは理解できるだろう。なにしろ，信頼できる結果を得るには何十年もかかるのだから。そうはいっても，ある特定の物質が人体に与える影響について絶対的な結論を出すには，実はこの方法しかないのだ。

食品の場合，実現可能性という点では，相関研究を示すことが最も適切なのだろう。一方で，数も比較的少なく，ごく基本的な研究ではあるが，メディアの利用が学習に与える影響などを調べるために実験的な研究が行われている。その一例が，講義中の学生の行動について行われた研究である。実験参加者は，三つの異なる講義に出席するよう依頼され，受講後に講義に関する一連の質問を受けた。彼らはメディアを使用せず，講義に集中できる統制群1組と，メール，Facebook，オンラインチャットや携帯電話の使用など，講義中にそれぞれ異なるタイプのメディアを使用しなければならない数組の「実験グループ」に分けられた。実験群はいずれも統制群に比べて講義後のテストでミスが多かった。彼らは，講義と割り当てられたメディアを追う作業との間で注意を分散しなければならず，その結果講義の一部を聞き逃してしまったのだ。別に行われた同様の研究でも同じ結果が出ており，講義に集中できた生徒は，実験グループに比べて62％も多くの情報をノートに書き留めており，その内容もはるかに詳細だったことも判明した。先に述べた，ノートをとることの有用性を思い返してみると，集中して勉強したほうがはるかに効率的であることがわかるだろう。

マルチタスクは必ずしも悪いことではない

マルチタスクを好むのは，若者だけではない。最近，アムステルダム大学の研究者たちが，オランダのメディア利用に関する大規模な調査を行った。3,000人以上の幅広い年齢層のオランダ人の市民に，さまざまなメディアの利用状況を日記に記録してもらったのだ。その結果，マルチタスクに費やす時間の平均は，1日の1/4程度で，回答者間に大きな違いはなかった。しかし，使用するメディアの種類には世代間で大きな違いがあった。若者は音楽を聴くこととオンライン活動（ソーシャルメディアの利用や動画鑑賞）を一緒にする傾向があり，高齢者はラジオやテレビの視聴とメールの返信や新聞を読むことを一緒に行う傾向があった。

ここで重要なのは，すべてのマルチタスクが集中力に悪影響を及ぼすわけではないことだ。第一に，私たちは常に何かを学んだり，何かに取り組んだりしているわけではない。また，ラジオを聴きながら新聞を読むと，いつもより読むペースが落ちてしまうことがあっても，べつにそれが命取りになるわけでもない。第二に，二番目の情報源があるからといって，それが注意を引くとは限らない。私たちは，ずっと流れている情報源を無視することができる。たとえば，ラジオから流れてくる情報を聴き流せば，ラジオをつけたままでも勉強できる。以前，オフィスでラジオをつけていたら，友人が突然ラジオに出てきたことがあったらしい。そのとき，私はラジオをつけてはいたが，あとからそう聞いただけでそのときはまったく気づかなかった。論文を書くのに夢中で，ラジオは全然聴いていなかったのだ。

人は何かに集中したいとき，音楽をかけるという一見逆効果に見える方法を使うことがある。私の両親は，私が大好きなユーロダンスのヒット曲を聴きながらどうやって宿題ができるのかまったく理解できなかった。試験勉強をしながらDJ ポール[*1]や2 Unlimited[*2]，そして大好きなCappella[*3]な

＊1　オランダのDJ・音楽プロデューサー。90年代に流行した速いテンポや強いビートが特徴の電子音楽「ハードコアテクノ」を得意とするアーティストとして知られる。
＊2　「ハードコアテクノ」ムーブメントの火付け役としても知られる音楽ユニット。
＊3　90年代にヨーロッパで一世を風靡したイタリアの音楽グループ。

どを聴きながら勉強したのはよい思い出だ。そして今でも音楽をバックに勉強や執筆をしているが，当時よりも音楽の好みが少しずつ洗練されてきていると思うし，そうであってほしいと願っている。今度，街を歩いているときに，学生や若い人たちが勉強や仕事のために集う流行のカフェを覗いてみてほしい。多くの人がイヤホンをしているのに気づくだろう。2012年にオランダで行われた調査では，回答者の80％が「仕事中に毎日音楽を聴いている」と答えている。

イヤホンから音楽が流れてくると，かえって気が散ったり，わざと無視しなければならない刺激が増えたりするのでは，と思うかもしれない。しかし，大多数の人は，音楽を聴いているときのほうが仕事がはかどると答えている。それはなぜだろう。まず，人間は無制限に高い集中力を維持できるわけではない。特に非常に複雑な仕事や退屈な仕事をしているときは，集中しようとすればするほど集中力が低下する傾向がある。音楽を聴くと脳に新しい刺激を与え，脳の覚醒状態を保つのに役立つ。外科医でさえも仕事中に音楽を聴いており，最近のイギリスの調査によると，10人中8人も音楽を聴いているという。もちろん，どんな音楽を聴くかにもよる。ある外科医は，オランダの新聞「*NRC Handelsblad*」のインタビューで，「手術中にクラシック音楽を聴くとついつい聴き入ってしまうので，手術室でクラシックは流さないようにしている」と答えている。

音楽を聴くことがなぜ仕事の助けになるのか，それを説明するうえで重要な要素がある。実は，音楽はまったく聴いていないのだ。もしも外科医が音楽を熱心に聴いていたら，音楽が彼の注意を引き，ワーキングメモリを使うことになる。そうすると，マルチタスクになってしまい，その結果はお察しの通りとなる。音楽選びも大切だ。仕事中に好きなバンドの新譜を聴こうものなら，結果的に作業が滞ることになる。いうまでもなく，新しい音楽や聴き入りたくなるような音楽を流すよりも，すでに聴き慣れた音楽や耳に心地よい優しい音楽を集めたプレイリストを選んだほうが，より効率的に仕事ができるだろう。

音楽は，単に「覚醒」（次章で取り上げる概念）を高めるだけでなく，予期せぬ音に気をとられにくくする効果もある。学生時代に流行していたカフェを思い出してみよう。そこは会話が始終交わされ，部屋を出入りする音，コーヒーマシンがコーヒー豆を挽いてコーヒーを注ぐ音など，さまざまな音が聞こえてくる場所だ。しかし，音楽を聴くためにイヤホンを装着することで，これらの刺激音をすべて遮断し，自分が選んだものだけを聴けるため，気が散りにくいのだ。また，集中力が落ちてきたときには，ちょっとだけ作業を中断して音楽を楽しむことで，再び集中力を高めることができる。大規模な共有オフィスでイヤホンをつけて仕事をするのはこのためだ。もちろん，大音量で音楽を流してオフィス全体に聞こえるようにするのは同僚を困らせるだけなので，それを避ける意味もある。最後に，音楽の趣味は非常に個人的な問題だからだ。私もときどき仕事中に，不意にCappellaを聴きたくなることがあるが，そのときは我慢している。誰が何といおうとCappellaは最高なのだが。

この章を読んで，進化さえすれば最終的にはわれわれ全員，超がつくほどマルチタスクを遂行できるようになれるに違いないと思うかもしれない。確かに，世のなかにはマルチタスクにまつわる問題を一切抱えていない人もいるだろう。だとすれば，彼らは現代社会における人間の脳の変化を最先端で表しているのだろうか。 確かに脳が変化している兆候はあるものの，まだ多くの研究が必要だ。ある研究によると，200人の実験参加者のうち2％は，数式を解いたり単語リストを覚えたりしながら自動車シミュレータで問題なく運転することができた。残りの98％の実験参加者は二つのタスクのうちどちらか一つで大きなミスをしたが，2％の実験参加者はまったくミスがなかったというのだ。もちろんこの数字は非常に小さいため，この2%の実験参加者の適性について絶対的なことはいえない。たまたまその日は何もかもがうまくいった日だったのかもしれないし，特定の作業に対して生まれつき才能があり，無意識に実行できたのかもしれない（ほかの作業に対する適性は問われていない）。ある作業を無意識に行うことができれば，その作業に注意を払う必要はなく，ほかの作業に注意を向けられる。これについてはもっと研究する必要があるが，社会の進化につれてマルチタスク能力が変化しているのではないかと考えると興味深い。とはいえ，進化は非常にゆっくりとしたプロセスであるため，これを証明することは非常に難しく，不可能とさえいえるだろう。

また，本章で得られた知見を無視して，暗い未来社会を予測する人もいるかもしれない。しかし，注意散漫になった結果，頭が悪くなったという証拠はない。その一方で，長時間集中したいときにマルチタスクが問題になることも確かだ。SNSの台頭により，マルチタスクの機会はますます増え，私たちは以前よりもずっとマルチタスク化しているのではないだろうか。しかし，まだ十分なデータは得られていない。データが得られるまでは人間の脳の限界を念頭に置きながら，今わかっていることを粛々と実行していくしかないのだ。今度「マルチタスクが増加！」という類の派手な見出しを目にしたら，「確かに私たちは以前よりもマルチタスクをしがちになっているが，それが常に問題なわけではない」ということを思い出してほしい。集中力の仕組みについて知識を深めれば，複数の作業を同時に行う必要があるときに賢明な選択ができるようになる。とりあえず，ブライアン・カリナンは今後同じようなミスを繰り返したりはしないだろう。

第3章　送り手の問題：注意を引きつけておくには

スピードスケート選手になった自分を想像してみよう。あなたは氷上でスタートの位置についており，係員がスタートの号砲を鳴らすのを待っている。アリーナの観客は息を呑(の)んで選手を見守っている。何百時間にもわたる肉体的・精神的トレーニング，食事やダイエットプログラム，ありとあらゆるこれまでのつらい準備が，この瞬間たった一つの目標 ── オリンピック金メダル ── に集約されているのだ。スターターが「Ready ！（用意！）」と叫ぶ。誰もが息を詰めた沈黙のあと，ついにピストルの音が響き渡る。さあ，そのときがきた！

このようなスタート方法は，スピードスケートだけでなく，陸上競技や水泳など多くのスポーツで採用されている。しかし，これがいかに不公平であるか多くの科学論文で明らかになっていることを考えると，ちょっと奇妙だ。実際レースの結果は，トラックを一周し終わる頃にはほぼ確定しているという。これを理解するためには「覚醒」という概念を説明する必要がある。覚醒とは，中枢神経や自律神経の活性化の度合いのことで，要はどれだけ「警戒」しているかということだ。眠いときは覚醒水準が低く，不安を感じているときは覚醒水準が高くなる。覚醒水準は反応速度に影響し，覚醒水準が高ければ高いほど反応は速くなる。

これがこのスタート方法が不公平だといわれる理由だ。スピードスケートは選手二人一組でレースを行い，最後に全選手のタイムを比較する。つまり，全員が同時にスタートするわけではないのだ。スピードスケートでは，陸上競技の100 m走などとは異なるスタート方法が採用されており，スターターはレースごとに引き金を引くまでの時間（通常は3秒半から5秒の間）をある程度自由に決められる。ということは，選手はスターターが「Ready ！」と言ってからどのくらい待てばいいのかわからないわけだ。そこに問題がある。「Ready ！」と聞いた直後，選手はいつでもスタートできる状態になっている。しかし，スタートの合図が鳴るまでの時間が長ければ長いほど，選手の覚醒水準は下がっていく。研究室での実験によると，身体が興奮状態にあるときには反応が速く，待ち時間が長くなると反応が遅くなることがわかっている。

このテーマをもっと掘り下げようと思ったのは，あるとき私が「覚醒と注意」について講演したあとに，オランダの元オリンピック選手ベオルン・ニェンハウス氏に会ったからだ。彼は，私の覚醒についての話と，スピードスケートのスタート方法に関する彼の持論との間に類似点があることを教えてくれた。彼は「Ready ！」と言ってからピストルを撃つまでの間隔が長いスターターが彼を不利な状況に追いやっていると感じていたが，それを証明できずにいた。しかし私の講義を聞いて，もしかすると立証できるのではないかと思ったと言う。当時の私は，温度や氷の質などほかの要素のほうが，覚醒水準のような些細なものよりもはるかに影響が大きいと思っていたため，彼の話には懐疑的だった。しかし，同僚のエドウィン・ダルマイジャーとチームを組んでもっとよく考えてみることにした。実はこの研究は，非常に骨の折れるものだった。まず，2010年に開催されたバンクーバー冬季オリンピックのスピードスケート男女500ｍレースの映像を分析した。そして，テレビ放映の音声をもとに，「Ready ！」という声からスタートの合図が鳴るまでの時間をミリ秒単位で計測した。その結果，男女ともにこの二つの信号の間隔が長ければ長いほど，選手のゴールタイムが遅くなることがわかった。

ここで述べているのは，スタートの合図から選手全員が滑り出すまでの時間差ではなく，ひとりの選手のスタートタイムとゴールタイムの話だ。金メダルと銀メダルの差は，数百分の１秒，あるいはそれ以下だ。2014年のソチ大会では，500ｍレースを２回行ったあとに比較した上位二人のスケーターの差はわずか0.01秒だった。バンクーバー大会では，スタートタイムに１秒の差があると，ゴールタイムには0.17秒の差が出た。この差はごくわずかだが，ミリ秒単位で勝負が決まるスポーツでは，順位が変わるのには十分だ。もしも，たまたま参加しているレースで「Ready ！」からスタートの合図までの間隔がほかのレースより短ければ，たとえそれがどんなにわずかでも有利になる。

スケート選手がスタートするまでに感じる覚醒水準の低下は，私たちが日常的に経験していることだ。１分１秒絶え間なく警戒することは不可能だが，その場合の緊張感を想像してほしい。2章までは，マルチタスクがあまり効率的な作業方法ではないことを説明してきたが，それと同時にこの問題は「ミスをしたり反応が遅くなったりするまでに，いったいどのくらいの時間一つの作業を続けられるのか」という疑問を投げかけている。この疑問は，実験心理学の歴史上，非常に重要な役割を果たしてきた。私の専門分野は，第二次世界大戦中に飛躍的に発展した。軍が兵士の職務遂行能力に関心をもち始め，レーダーオペレーターは何時間くらい能力を最大限に発揮できるのか，パイロットは何時間飛行したらミスをし始めるのか，などを調査したのだ。ここで紹介する内容の多くは，その時代の研究に由来している。

集中力はどれくらい持続できるのか

税関職員，品質管理者，救命士など，集中力が必要な職業は多い。そして忘れてはならないのが，可動橋の開閉操作を行う仕事だ。可動橋の開閉は，標準的な手順で行われるごく普通の仕事である。しかし，ミスが最悪の事態を招くこともある。2008年，オランダのフレヴォラント州にある可動橋ケーテル橋で，64歳の女性が運転していた車が，跳ねあげられた橋の隙間から転落して女性が死亡するという事故が起きた。この事故を誘引したとして，57歳の関門開閉係員が出廷した。検察官は，橋の係員が重要な瞬間にミスを犯したと主張した。転落した車の運転手は，最初の関門を通過したあと，橋の反対側の出口関門が塞がっているのに気づき，慌ててバックし始めた。しかし，その途中で橋が開いてしまい，車は橋と橋の隙間から海に落ちてしまったのだ。係員は，橋の境目に車があるのは見ていないし，車がバックしようとしたのも見ていないと主張した。そのとき彼は，橋に接近中の小型船に連絡をとろうとしていたがなかなかうまくいかず，普段よりも長い時間，橋に注意を向けていなかった。橋の上での出来事を詳細に再現した結果，裁判所は，この事故はこの係員の責任ではないと結論づけた。これは橋の構造，車の色，そして小型船の船長と連絡をとろうとした係員の努力が運悪く結びついた結果引き起こされた事故で，彼に罪はないとした。裁判官は「彼に過度の不注意や過失はなかった」と断言し，無罪判決を下したのである。

勤続年数が長くなればなるほどミスが発生するリスクが高まることは周知の事実である。したがって，このような事故のリスクを最小限に抑えるために，開閉係員がどのくらい集中力を維持できるか知ることは非常に重要である。1948年，認知科学者のノーマン・マックワースは，レーダーオペレーターの勤務シフトの長さが，レーダーに映る物体を見逃す可能性に直接関係しているとした論文を発表した。彼はこれを実証するためにある実験を行った。実験では，実験参加者は数字のない時計盤を2時間ずっと見続ける。盤面では針が一定の速さで進むが，ときどき速くなる（ジャンプする）ことがある。実験参加者はこのジャンプを見つけたらボタンを押して反応する。実験開始後30分で実験参加者はミスをし始め，時間が経つにつれてミスの数はどんどん増えていった。

どんなに刺激的でやりがいがあることでも，集中して取り組める時間には限界があり，それはタスクや活動の難易度に大きく左右される。マックワースの実験では，指針がジャンプするのを発見するのは容易ではなかった。しかし，もしジャンプのたびに大きな音がしていたら，実験参加者は問題なく2時間の長丁場を切り抜けられただろう。どの程度の覚醒水準が必要かはタスクの難易度によって異なり，タスクが難しければ難しいほど，覚醒水準が重要になる。

マックワースの実験では，実験参加者の覚醒水準は徐々に下がっていった。心理学の実験に参加してみればわかると思うが，マックワースの実験のように単調で退屈なものだと，自分の注意レベルが少しずつ，しかし確実に低下していくのを実感するだろう。私は博士号取得のため，長時間地下室で実験参加者と一緒に，非常に退屈な眼球運動の実験を行ったことがある。眼球の動きを記録する機器のモニターを見ていると，実験が進むにつれて実験参加者の瞳孔の開き具合が小さくなり，眠くなってまぶたが垂れ下がってくるのがわかった。休憩時間になると，私は仕切りの壁をノックして実験参加者を起こし，ちょっとした会話をする。そうすれば，たいていの場合しっかりと目が覚めて注意が戻ってくる。

覚醒水準とパフォーマンスには強い相関関係がある。競技系のスポーツをしている人や，プレゼンテーションをしたことがある人はわかると思うが，覚醒水準が低いとパフォーマンスの質は低下する。覚醒水準が低いと，最高のパフォーマンスを発揮するための緊張感を感じられなくなる。勝つためには，ある程度の緊張感が必要なのだ。しかし，覚醒の度合いには限界がある。

過度の覚醒はストレスとなり，パフォーマンスに悪影響を及ぼす。この関係は，ロバート・ヤーキーズとジョン・ドッドソンによって初めて明らかにされ，彼らの名前を冠した「ヤーキーズ・ドッドソンの法則」として確立された。この法則は，集中しているときにどの程度の覚醒水準であれば最適なパフォーマンスが得られるかを教えてくれる，非常に重要な法則である。

この法測は，ネズミを使った実験に基づいている。実験では，ネズミは脱出経路が一つしかない迷路から脱出しなければならず，道を間違えると電気ショックを受けた。どの程度の罰を与えればネズミが最も早く学習するか調べたのだ。電圧を上げれば上げるほど，ネズミは早く学習する。しかし，それにも限界があり，ある電圧を超えると，ネズミの学習速度は再び遅くなり，さらに電気ショックを受けることを恐れて動かなくなって完全に硬直してしまった。そして電気ショックを受けない安全な場所さえも忘れ，ただ逃げ回るだけになってしまった。

覚醒水準が低すぎるとパフォーマンスは低下するが，高すぎるのもよくない。覚醒水準が高すぎると，ストレスを感じて全神経がそこに集中してしまい，本来の仕事ができなくなってしまうのだ。多くの心理学の本では，この覚醒水準とパフォーマンスの関係について図3.1を使って説明しているが，本来のヤーキーズ・ドッドソンの法則はもう少し複雑で，簡単なタスクと難しいタスクを区別していて，この関係は難しいタスクにのみ適用されている。

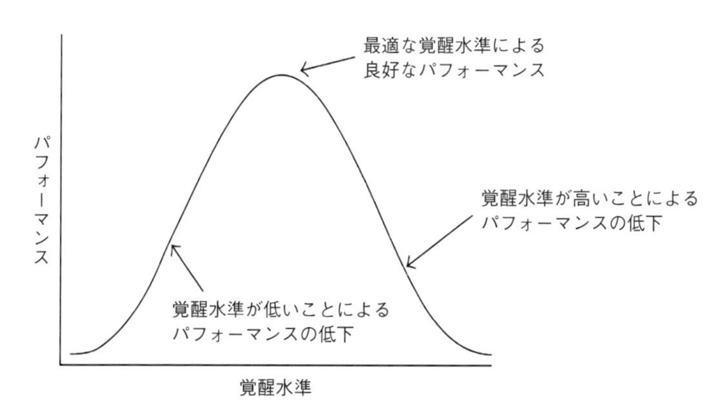

図3.1　覚醒水準とパフォーマンスの関係に関する「ヤーキーズ・ドッドソンの法則」

しかし実際には，認知能力をあまり必要としないタスクでは，覚醒水準が高ければ高いほどパフォーマンスが向上する。ヤーキーズとドッドソンは，簡単なタスクと難しいタスクを区別してはいるが，具体的に何が簡単で，何が難しいタスクなのかは提示していない。しかし，最近の研究では，難しいタスクとは前頭前野の注意の働きを必要とするタスクであり，過度のストレスは，そのようなタスク，特にワーキングメモリを酷使するタスクのパフォーマンスに悪影響を及ぼすことがわかってきた。

社員のパフォーマンスを最適化したいのであれば，覚醒水準を高めてモチベーションを高めると同時に，ストレスレベルをできる限り低く保つことが重要である。もちろん，ストレスとパフォーマンスの臨界点は人それぞれで，締め切りに追われるとパフォーマンスが上がる人もいれば，そうでない人もいる。人にはどうしてもパフォーマンスの質が落ちてしまうポイントがある（いつもギリギリまで手をつけない人も同じことがいえる）。過剰なストレスは誰にとっても問題だ。私は今でも講義の前には多少緊張するが。その緊張感があればこそ自分の能力を最大限に発揮できることがわかっている。しかし，講師になったばかりの頃は，体に力が入りすぎて息ができなくなり，頭のなかが真っ白になってしまうことがあった。テニス選手がマッチポイントで固まってしまうのも，サッカー選手が大事な試合でうまくペナルティキックを決められないのも，まさにそのせいだ。また「ヤーキーズ・ドッドソンの法則」の逆を経験したことがある人も多いと思う。あまりにも淡々と仕事をこなそうとするのもうまくいかないものだ。必要な警戒心をもたずに勉強すると，情報を吸収する能力がうまく機能しないからだ。

金魚の集中力は人間より優れている？

インターネット上には，マルチタスクや日々の膨大な情報のせいで，人間の集中力がどんどん低下しているという話が溢れている。そのなかでも特に有名なのが「人間の集中力は金魚よりも短くなった」という説だ。これはカナダにあるマイクロソフトの子会社が2015年春に発表したレポートに端を発している。このレポートには「新しいメディアの出現により，人間の注意の持続時間がここ数年で劇的に短くなった」という内容が含まれている。それによると，2010年には13秒だった人間の注意の持続時間は，2013年には8秒にまで低下しており，これは金魚の集中力よりもちょうど1秒短いという。このニュースはセンセーショナルなもので，タイム誌，ガーディアン紙，ニューヨーク・タイムズ紙，そして数え切れないほどのマーケティングや教育関連のブログにも掲載された。それ以来，この説はメディアで取り上げられ続け，Wikipediaの「アテンション・スパン（注意の範囲）」の項目にも事実として記載されている。

控えめにいってもこの主張は注目に値するもので，多くの人がかなりの確率でそう考えているだろう。しかし，本当にそうだろうか。残念ながら，この研究はもうオンラインでは見られないため，本書で直接参照することはできないのだが，この研究がサイバー空間から消えてしまったのには，それなりの理由がある。実はこの主張は本当にばかげていて，科学的根拠が何もないのだ。たとえばこの研究では，人間の注意の持続時間を独自に測定していないことが判明している。その代わりに，根拠として「Statistic Brain」という無名研究機関のウェブサイトを参照し，そのデータがアメリカ国立医学図書館のバイオテクノロジー情報センターからのものであるとしている。しかし，同センターはこれをきっぱりと否定しているのだ。

結局この話は，マイクロソフト社が，どうやったら消費者の関心を引くことができるかを広告主にアピールするための巧妙なマーケティング手法でしかなかったと判明した。しかし残念なことに，マスコミはこの話をあっさりと鵜呑みにしてしまった。というわけで「人間は脳の10％しか使っていない」「左脳と右脳はまったく違う働きをする」などといった神話と同様，この話を世間から払拭するのは非常に難しいと思われる。金魚の注意に関する情報は，まったくナンセンスだ。実はその「研究」は金魚の「注意」とは無関係で，金魚の「記憶」に関するものである。しかも金魚の記憶は，実はそれほど悪くない。実際，金魚は人間の記憶システムのモデルとしてよく使われており，最後に餌を食べてから数カ月後に餌を食べた特定の場所を思い出せるという。したがって，マイクロソフト社の主張は，ゴミ箱に捨ててもらっても全然問題ない。

授業中の注意の範囲

効果的な勉強をするためにはある程度の集中力が必要だが，最近の教師が直面する最も難しい課題の一つは，授業中に学生の注意をいかに維持するかということである。オランダでは，大学の講義は90分で，講義の途中に15分の休憩があるが，90分間学生の注意を持続させるのは難しい。私は，講義が始まって15分後くらいに，図3.2のようなグラフを学生に見せることがよくある。横軸は講義の時間，縦軸は講義中の学生の注目度を表している。ご覧のように，最初に急激な上昇があり，その後，注意のレベルが徐々に下がり始める。最後に再び上昇するが，これは学生がもうすぐ休憩に入ることを知っているからだ。この図は，クラスにユーモアで学生の注意を喚起し，学生たちを目覚めさせるためのものである。最近の講義室ではよく見かける図だが，実はこれが正確だという証拠はどこにもない。

この図の理論は，心理学者のカレン・ウィルソンとジェームズ・コーンが行った研究で疑問視されている。彼らは，平均的な学生の集中力は授業開始から10分から15分後に低下し始めるという主張に強い関心をもった。講義中に集中力に大きな差が出るのは確かだが，要因は単なる時間の経過だけでなく，ほかにも多くの理由があると考えたのだ。

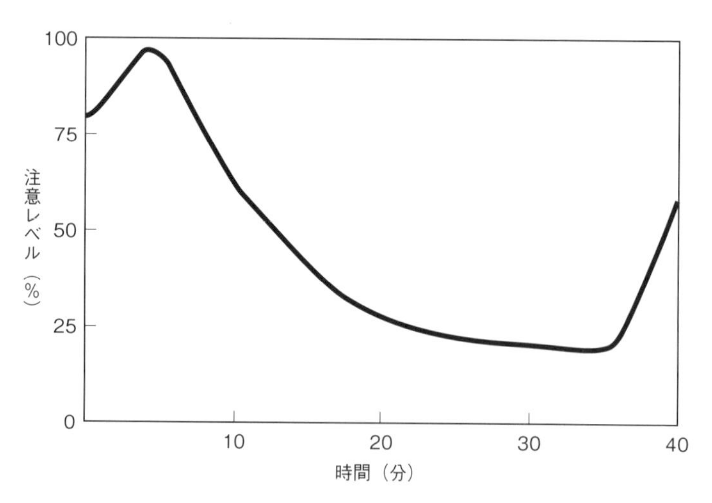

図3.2　授業中の「注意曲線」

好むと好まざるとにかかわらず，私たちは，授業やプレゼンテーションなどをするときには，情報を送る側の人間である。自分の情報を伝えるためには，受け手側の集中力を持続させなければならない。目移りするもので溢れている世界では，これは大きな課題だ。送り手はメッセージの内容にこれまで以上に注意を払わなければならない。つまらない話よりも面白い話のほうがはるかに長く人の集中力を持続させられる。送り手が最優先すべきは，受け手が受け取ったメッセージに集中し続けられるようにすることだ。スマホが新着メッセージを知らせる通知で常にブルブルしている時代には特に難しい。しかし，ブザーやピッピッピッという音を無視してでも，この人の話は一言も聞き漏らすまいと思うような教師やテレビの司会者の名前を誰でも一人くらい挙げることができるだろう。そんな人は，最初の瞬間から最後の瞬間まで，受け手の注意を引くことができるのだ。

ヒトの注意の継続時間は分単位，秒単位で表現できるものではないし，受け取ったメッセージの内容に大きく左右される。私たちの多くは，Netflixのシリーズ番組を何時間も見続けたり，魅力的な本を読んだりしても集中力が途切れることはない。それは，タスクの優先順位と，そのタスクがどれだけ面白いか，あるいは難しいかにかかっているからだ。「YouTubeの動画は2分以内であることが望ましい」というような一般的な考え方は，まったくの間違いだ。面白くて見る人の興味に合った内容の動画をつくりさえすればよい。また，どの媒体を使うかによっても違ってくる。たとえば，YouTube動画の平均視聴時間は14分30秒，Facebookの場合は1分21秒しかない。これは，それぞれ特定のターゲット層が存在するからだ。私たちがFacebookを利用するのは，SNS内の友人から発信された情報や友人本人に関する情報をすばやく入手したいとき，ちょっとした娯楽を楽しみたいときだ。一方，YouTubeは，あるテーマについて詳しく知りたいとき，YouTuberの面白おかしいおしゃべりを楽しみたいとき，ドキュメンタリーを見たいときなどによく利用される。視聴時間の短さは，注意の継続時間の短さとは関係なく，単に選択の問題なのだ。よく耳にする「情報は短い時間で提供すべき」というアドバイスは，受け手の注意よりも，利用する媒体や情報の質に関係する。私たちが選択できる情報量はどんどん増えているので，優先順位を決めることがより重要だ。昔は，テレビのチャンネルが一つしかなかったので，番組制作者は視聴者がほかのことに気をとられないようにそれほど配慮する必要はなかったが，現在私たちは無限にあるチャンネルや情報のなかから選択することができる。注意は私たちに選択を迫るメカニズムであり，私たちは常に選択を行っているのだ。その際，私たちは優先順位を決める。それが私たちの友人ともいうべき金魚との共通点である。

休憩することの重要性

情報の送り手は，興味深い方法で情報を提供できれば受け手の注意を引きつけ，覚醒水準を高く保つことが可能となる。Netflixの連続ドラマであれば，何時間でもこの状態を保つことができるが，難しい学習教材となると，先生や著者がどれだけうまく説明してもそうはいかない。私たちは，難しいタスクには長時間集中できないことを知っている一方で，タスクを定期的に切り替えると切り替えコストがかかり，勉強や仕事の結果が悪くなることも知っている。では，この矛盾にどう対処すればよいのだろうか。

その鍵は，タスクを切り替えるタイミングを選ぶ能力にある。ある実験では，講義中にテキストメッセージを送信することの影響が明らかにされた。この実験では，講義中にメッセージをたくさん送った学生ほど，講義後に行われた記憶テストのスコアが低くなる（その差は10％）ことがわかった。また，そのスコアの差は，メッセージを受信してから返信するまでの時間に影響されていた。同じ数のメッセージを送っても，返信までの時間を長く設定していたグループの学生は，メッセージをすぐに返信するように指示されていた学生よりも講義内容の記憶テストのスコアが高かった。返信するまで長い時間待っていた学生は，メッセージを送るタイミングを見計らっていたため，講義への集中力が大きく損なわれなかったのだ。このように，集中力が低下してきたときに限っては，作業を切り替えるのはよいアイデアだといえよう。

橋の開閉係員たちの職場を訪ねたとき，彼らから「制御室での携帯電話の問題にどう対処すべきか」という質問を受けた。事故のリスクを減らすために，勤務時間中の携帯電話の使用を禁止すべきだろうか。私は，それでは大規模な抗議行動が起きるだけだと答えた。私の解決策は，先に述べた一定時間集中したあとに携帯電話でメッセージを読んだり，返信したりできる「テクノロジー・ブレイク」*の効果が実証された研究結果に基づいている。もうすぐメッセージをチェックする機会があることを知っていさえすれば，講義の重要な部分を聞き逃したり仕事でミスをしたりせず，集中するのに必要な落ち着きを得られる。こうすると，集中すべき時間にはデジタルの世界を遮断して，自分を取り巻く現実の世界に注意を向けることができるのだ。テクノロジー・ブレイクの利点は，コーヒー・ブレイクのように，気分を切り替えて1日の残りの時間に備えられることだ。多くの人にとって，TwitterやFacebookのタイムラインをスクロールしてリラックスする時間ほど楽しいものはない。外でタバコを吸う人は，片手にタバコ，片手に携帯電話を持っているのが普通なのだからテクノロジー・ブレイクは，タバコを吸わない人のための喫煙休憩と考えてもよいかもしれない。

テクノロジー・ブレイクは，講義室や職場だけでなく，一人で勉強しているときにも有効な作戦である。携帯電話を別の部屋に置いておくだけで，必要なときに集中力が途切れないようにできる。新着メッセージを無視できないことは誰もが知っている。だからこの作戦を使えば，集中したあとには新しい情報という「報酬」が手に入るとわかっているため，再び覚醒水準を上げられる。集中力を途切れさせないための「完璧な」時間の長さを20分などと提案するのは簡単だが，これまで数え切れないほど多くの疑似科学的な自己啓発本が犯したのと同じ過ちを犯したくはない。それではあまりに単純だ。集中力の持続時間には個人差が大きく，必要とされる集中力もタスクごとに異なるため，おのおのが自分にとって最適な集中力を維持できる時間を自分で見つけなければならないのだ。

この作戦を成功させるためには，テクノロジー・ブレイクが長すぎないことが重要で，実はこれこそが大きな課題なのだ。というのも，SNSアプリは，できるだけ長くユーザーの注意を留めておけるように設計されているからだ。これらのアプリは，提供する情報を継続的に点滅させて，ユーザーに高い覚醒レベルを維持させる。コーヒー・ブレイクが通常15分以内であるのと同じようにテクノロジー・ブレイクはできるだけ短いほうがよい（アラームをセットしよう）。休憩のあとは新鮮な気持ちで仕事や勉強を続けられる。

＊ 長時間の集中を促すために，あえてデジタルデバイスの使用を一定時間制限すること。

ほんの1分程度の休憩でも，非常に高い効果が得られるという研究結果もあるくらいだ。

本書では，具体的なトレーニングプログラムの紹介はしていないが，注意についてのレッスンにはメタ認知能力を伸ばす方法を学ぶ，という重要な機能がある。前述した例では，テキストメッセージを返信するタイミングを見計らっていた学生は，自分の注意のレベルの高さを実感していた。その感覚こそがメタ認知であり，「自分が認知していることを認知する」「自分の認知能力を知る」ということだ。自分の集中力の価値と，注意散漫になったときの悪影響を認識することで，より効率的に集中できるようになるのだ。

教室や職場で新しいメディアを禁止するのではなく，誰もが長時間集中できる力の価値を認識し，自分の目的に合った戦略を自分で見つけられるように，もっと注意についての知識を深めるべきだ。以前は，学生は退屈すると教室の窓の外をぼーっと眺めていたが，今では注意を維持するために使えるツールがある。つまり，学生のマルチタスク問題の解決策は，気が散らない環境をつくることではなく，タスク・スイッチングによるリフレッシュ効果を実際に利用することだ。たとえば，講義中に学生にアンケートを送ったり，投票に参加させたりするなど，学生のスマホやパソコンを使って集中を促すよい事例がすでにある。少なくとも，居眠りしている学生たちの目を覚ますことはできるかもしれない。

タスク・スイッチングが注意の維持に役立つという結論は，カリフォルニア大学で行われた，48人の学生の行動を1週間にわたって監視した研究結果によって裏づけられている。実験参加者は全員，心拍数を記録するセンサーを装着し，コンピュータでの活動履歴も記録した。その結果，コンピュータ利用中にマルチタスクの多い学生は，少ない学生に比べて心拍数が高かった。これはあくまでも相関研究だが，興味深いのはコンピュータを使用中，SNSにログインしているだけで余計な活動をしなかった場合は，全参加者の心拍数が低かったことだ。リラックスとSNSは相互に関連しているようで，二つの結論が考えられる。SNSで報酬を得たことで心拍数が下がるのか，SNSをすることでリラックスして過ごしているのか，そのどちらかだ。橋の開閉係員の場合，橋の開閉という長時間の作業後に数分間SNSを利用すれば，非常に有益な効果が得られる可能性がある。

送り手の仕事

コミュニケーションをうまくとるためには，送り手と受け手は暗黙の了解を守らなければならない。送り手は自分のメッセージをできるだけわかりやすく，効率的に伝えるために最善を尽くし，受け手は送り手のメッセージに注意を傾けることに同意する。この合意を成立させる責任は両者にあり，文字通り情報が満ち溢れているこの世界では，この合意が以前にも増して重要になっている。送り手は，受け手の注意を引きつけておくために，受け手の覚醒水準を高く保ち続けなくてならない。それができれば，受け手の注意がほかのものに逸れてスマホなどを覗いたりはしなくなるだろう。受け手の集中力が途切れそうになったら，送り手は注意を引きつけておく次の手を色々と用意しておくのも一つの方法だろう。

私は，講義での情報提供の仕方に工夫を凝らしている。学生たちが45分間同じ話を聞き続けるのが難しいのはわかっているし，学生がすぐに手を伸ばせるデバイスと争うのも厄介だからだ。コツは，タイミングを見計ってやり方を変えることだ。たとえば，重厚な理論を説明したあとに，説明した内容の実演ビデオを流すこともある。また，コンピュータを使って特定のトピックについて投票してもらったり，学生の一人が実際の心理学実験に参加する，短いデモンストレーションを行ったりすることもある。これにより，送り手自身が注意の切り替えの瞬間をコントロールでき，学生の覚醒水準（及び注意の持続時間）を高く保てるのだ。

このような情報伝達の方法は，よくチーズの盛り合わせと比較される。四品料理のディナーを食べたあと，多くの人はかなりの満腹感を得られると思うが，ラスト五品目にチーズの盛り合わせを追加したいと思う人も多いはずだ。チーズの盛り合わせは，甘くて柔らかいチーズと，硬くて塩辛いチーズが交互に並んでいて，さまざまな味を楽しめる。1種類のチーズだけだとすぐに飽きてしまうが，バラエティに富んでいるとついつい食べすぎてしまう。テレビのトークショーでも同じような戦略がとられている。最初に真面目なインタビューがあり，次に軽めのもの，面白いYouTubeの動画，そして最後に音楽が流れる。また，インタビューの間には必ずといってよいほど，その話題に関連したアーカイブ映像が挿入される。視聴者は，チャンネルを切り替える暇もない。その番組自体が画面上で切り替えを行っており，視聴者の集中力が途切れないように演出されているからだ。この原理は，文字によるコミュニケーション，劇場でのコミュニケーション，真剣な会話（緊張をほぐすためのジョークを挟む）など，あらゆるコミュニケーションに取り入れられている。

コミュニケーションを成功させるには，ADHDの子どもたちの集中力の使い方を参考にするとよいだろう。彼らはゲームに集中するのは得意だが，宿題をするのは苦手だ。ある研究で，ADHDの子どもたちが，ADHDではない子どもたちと同じようにソニーのプレイステーションでさまざまなコンピュータゲームができるかどうかを調査した。実験では，ADHDの子どもたちは，ADHDではない子どもたちに比べて標準的な集中力テストのスコアは悪かったにもかかわらず，ビデオゲームでのパフォーマンスは同じくらいのスコアを挙げる。もちろん，ビデオゲームをすることと，集中力やワーキングメモリを測定する標準的なタスクを実行することには大きな違いがある。

ビデオゲームは，プレイヤーの注意を完全に引きつけるように設計されている。獲得できるスコアはモチベーションを高める効果があり，ゲームは小さな子どもたちや十代の子どもたちが見ている世界に合わせてつくられている。また，テレビゲームは非常にスピード感があり，プレイヤーは一瞬たりとも休むことができない。その結果，ゲームをしている間はほかのことを考える時間や余裕がなくなるため，ワーキングメモリは特定のタスクを保持するために必死で働く必要はない。タスクの特性そのものが，プレイヤーがほかに気をとられないようにするのに十分だからだ。

タブレット端末でも同じことがいえる。タブレット端末を使うときは，多かれ少なかれ自分の目の前に置くことになるため，ほかの視覚情報に気をとられることはほとんどない。脳の視覚野には常に新しい視覚情報が飛び込んでくるが，タブレット端末を顔に近づけることで視界のほとんどが遮られ，集中力は途切れない。タブレット端末でゲームや映画に夢中になっている子どもに声をかけてみたことはあるだろうか。ご存じの通り，こちらを向かせるなんて不可能だ。ADHDの子どもたちがこのようなデバイスを使っているときに集中力が高まるのは，特に不思議なことではない。

ADHDの子どもたちの集中力に関する研究は，活発すぎる子どもたちのための学習プログラムのヒントになるだけでなく，気が散るような刺激が多い状況下での情報伝達のヒントにもなる。要は，情報を伝達するためには，文字通り相手に情報をぶつければよいのだ。自分のメッセージを伝えたければ，相手がほかの情報に気をとられないようにするしかない。また，ゲームデザイナーが得意とする，モチベーションを高める仕掛けもある。パフォーマンスに対してポジティブなフィードバックを即座に提供し，次のレベルへのモチベーションを高めるために複数のステップを使用して，それを乗り越えればその先にはさらに素晴らしいものがあるということを約束するのだ。この方法が，いつの日かオリンピックのメダルをもたらしてくれるかもしれない。

第４章　受け手の問題：自己の集中力を高めるためには

パブロフの研究を踏襲した，心理学者であり，行動心理学の創始者の一人であるバラス・フレデリック・スキナー（1904～1990）は，犬がベルの音を聞くとよだれを垂らすことからも明らかなように，人間の集中力は条件づけることができると確信していた。スキナーの業績で最も有名なのは，オペラント条件づけを研究するための道具「スキナー箱」を発明したことだ。スキナー箱に入れられた動物は，あるタスクを正確に行うと，餌という報酬を自動的に得ることができる。彼は，この箱を使って動物が報酬に対してどのように反応するのか，また，ある活動と報酬をどうやって連合させるのかを研究した。

スキナーは発明家であり心理学者であると同時に，非常に多くの本や論文を発表した著者でもあり，彼は，オペラント条件づけのような行動主義の手法を用いて，よく働けるように工夫していた。生涯に20冊の科学書と数え切れないほどの論文を発表した。具体的には，毎朝ベルを鳴らして執筆活動を始め，ベルの音と集中力との連合を実践していた。それはあたかも，自分の脳に「ベルの音を聞けば自動的に集中する」よう教え込んでいるようだった。

実際，スキナーは早朝から執筆活動前に一連の儀式を行っていた。毎日同じ時間に起床し，朝食にボウル１杯のコーンフレークを食べる。毎朝，新聞と数ページだけ辞書を読む。そして，決まった時間に書斎に行き，仕事を始める。いつも同じ本を手元に置き，机の上には同じランプを置いている。ランプをつけると同時に，仕事をしている時間を計測するために時計をセットする。また，それだけでは不十分だといわんばかりに，自分がどれくらい仕事をしたのかを記録していた。スキナー箱が実験動物の行動を記録するように，時計が一定の時間を知らせると，自分が書いた文字数をカウントしたのだ。

スキナーが測定好きであったことはいうまでもないが，彼は行動をより科学的に研究し，心理学の分野に大きく貢献した。ベルは常に彼のそばにあった。晩年には朝だけでなく夜にもベルを鳴らして机に向かい，１時間余分に執筆した。正式に引退したあともしばらくベルは鳴り続けていたという。スキナーは，週に7日，1年中休暇もとらずに働き続け，1990年に86歳で亡くなったが，その1年前に最後の本を出版した。

スキナーは集中力を高めるために，実験で使用するのと同じ手法を使った。それはまるで，彼自身スキナー箱の中で一生を過ごしているかのようだった。常にベルが鳴り，常に素晴らしい生産性を発揮した。多くの人は，長時間集中する前に自分なりの儀式を行っている。有名なオランダ人作家ハリー・ムリシュの朝は，いつも決まったメニューで始まった。クリームと砂糖を小さじ1杯ずつ入れたコーヒーを1杯飲み，マーマレードを添えたクラッカーを食べる。外出しない日でも完璧に身だしなみを整えて執筆に臨んだ。毎日まったく同じ時間にゆで卵の昼食をとり，午後にはくる日もくる日も同じルートで散歩をしてから執筆を終える。ムリシュの仕事のやり方は非常に理路整然としていたが，これは誰にでも当てはまることではない。たとえば，ピアニストのフレデリック・ショパンは，よく何日も部屋に閉じこもり，自分が書いた楽譜を何度見直してもなかなか完璧に仕上げることできず，欲求不満で激しく泣き叫びながら何本も何本も羽ペンを折っていた。満足のいく楽譜を1ページ仕上げるのに6週間もかかったともいわれている。

これらは，非凡な才能をもつ人が日常的に行っている儀式のほんの一例に過ぎない。著名な作家や画家，作曲家などの伝記を読めば，きっとほかにもたくさん出てくるはずだ。鉛筆を削ったり，机につく前にベルを鳴らしたりするのは，やるべきことを先延ばしにしているとも考えられるが，集中力を高めるためには儀式が必要な場合もある。実は，誰もが何らかの形で集中力と結びつく「ベル」を脳内にもっている。真夜中に天才的な才能を発揮した人の話には事欠かないが，優れた本や絵画の多くは長時間の努力と集中力の賜物である。

集中力はなぜこんなにもエネルギーを消費するのか

なぜ集中力を高めるために儀式が重要なのだろうか。集中前の儀式は，スポーツ選手が大きなレースの前に行う準備に似ている。集中するためには，雑念を振り払って頭のなかを空っぽにし，心の電池をフル充電しなければならない。レースに勝利するときのように，長時間集中力を維持するには肉体的にも精神的にも多大な努力が必要だが，脳が努力しているわけではない。これをもっと深く理解するためには，なぜ集中力には膨大なエネルギーが必要なのかを明らかにする必要がある。今日では，集中力に関する脳のプロセスについて多くのことがわかっているが，不思議なことに，その知識のほとんどは集中していないときの脳のプロセスの研究から得られたものだ。

MRIやPETなどの脳スキャナーを使った実験の多くは，何らかのタスクを実施しているときの脳の活性化パターンを調べるものだ。こうすることで，タスクを実行するときに使用する脳細胞を特定できる。ここ数十年の間に発見された最も重要な科学的発見の一つは，「デフォルト・モード・ネットワーク」と呼ばれる，安静時に活動する脳内領域のネットワークの発見だ。デフォルト・モードとはタスクを積極的に行っていない脳の状態をいう。言い換えればワーキングメモリが空っぽの状態だ。これまでは注意をめぐる終わりなき闘いと，ワーキングメモリの容量について説明してきた。しかし，私たちは1日の大半を注意を必要としない作業に費やしている。シャワーを浴びるのも，自転車でいつもの通勤路を走るのも，デフォルト・モード・ネットワークが活性化している行動の一例なのだ。

ここで一度立ち止まって「ネットワーク」という言葉について考えてみよう。前頭葉は実行機能を，後頭葉は基本的な視覚を司るなど，脳はそれぞれ特有の機能をもった複数の領域から構成される器官であると認識されていた。しかし，最近の神経科学では，脳を「領域」というよりも「ネットワーク」として捉えている。ある機能は，脳の特定の部分に集中しているのではなく，さまざまな部位のネットワークが活性化することで動き出す。自分が住んでいる国の道路網に置き換えてみよう。各都市にはそれぞれ特徴があるが，国全体が機能するためには，ある都市から別の都市への移動速度が大きく影響する。都市間を結ぶ高速道路によって地域間のコミュニケーションはよりスムーズになる。これが脳内のネットワークだ（町や村の重要性は十分わかっているが，これ以上説明を複雑にしないため，申し訳ないがここでは町や村には言及しないことをお断りしておきたい）。

ある種の神経障害は（脳の特定の場所に起因する構音障害などの言語障害とは異なり）脳の一部分だけでなく，ネットワーク内の情報伝達全体に影響を及ぼす問題だと考えられている。コミュニケーションの問題は，特定の経路が死滅することで発生する。神経回路の状態が悪化し始めると，情報の伝達速度は低下する。アルツハイマー病などの神経疾患が原因とされるさまざまな合併症は，局所的に問題があるからではなく，特定の神経ネットワーク間の情報伝達に問題があることから発生する。アルツハイマー型認知症の場合，神経ネットワーク間の乱れ方がほかの認知症とは異なる。将来的には，比較的簡単な脳波測定で脳内の情報伝達の状態がより詳細にわかるようになり，どのタイプの認知症か特定できるようになるかもしれない。

現在，実験参加者は脳スキャナーにかかっている間は，何もせずただ横になっているように指示されることが多い。安静時に脳のどの領域がコミュニケーションをとっているか知るためには，安静時の測定が必要だからだ。しかし，実験参加者が何もしていないからといって，脳が活動していないわけではない。脳は，ニューロンのグループ間で自発的な活性化パターンを示す。これらのパターンを集めて相互関係を比較することで，さまざまなネットワークを特定し，どの脳領域がつながっているか（そしてそのつながりがどの程度強いか）を確認できる。人間の動きを制御する領域が脳の両側にあることはずっと前から知られていたが，安静時にも同じような自発活動が認められて以来，これらの領域は互いの部位を横断する経路を介して強く結びついていることがわかっている。

1929年，脳の電気的活動を記録する脳波測定法（EEG）を発明したハンス・ベルガーは，実験参加者がまったく活動しなくなっても脳波は停止しないという研究結果を明らかにした。しかし，彼の考えは真剣に受け止められず，その後何年にもわたって，脳（あるいは少なくとも脳の一部）は，何か作業をしているときにだけ活動すると信じられてきた。ベルガーが正しいことが証明されたのは，ごく最近，2005年のことである。この年，ワシントン大学医学部のマーカス・レイクルは，何もしていないときに脳が消費するエネルギーが約60％から80％であるのに比べ，意識的に何か活動しているときの消費エネルギーはたったの5％だということを発見した。

レイクルがデフォルト・モード・ネットワークを発見したのは，幸運なことにまったくの偶然で，別の実験がうまくいかなかったときのことだった。そのときの実験は通常の神経測定だった。まずあるタスク（たとえば，文字が母音か子音かを識別すること）を実行して神経活動を測定し，次にそのタスクをやめて統制条件下（たとえば，実験参加者は文字を見るだけでよい）での神経活動と詳細に比較する。タスク遂行中の神経活動を測定した結果から得られた結果から，統制条件下での神経活動の結果を「差し引く」ことにより，タスク実行に関与した脳の領域のみが明らかになる。この実験では「引き算」をしたあとにタスクに関する活動だけが残るように，できる限り同一条件下で実験を行わなければならない。

しかし，レイクルは，なかなか適切な統制条件を思いつかなかったため，実験参加者が何もしなくてもよい状態で神経活動を測定した。その後二つの結果を差し引いてみると，驚いたことに，タスクを実行しているときのネットワーク活動は，何もしないときに比べて活発になるどころか，むしろ低下していた。何度測定を繰り返しても同じ結果（後帯状皮質などの脳の特定の部分が同じように活動低下を示す）が得られたことから，彼は何か大きな発見をしたのだと思った。つまり，脳が活発になると活動レベルが低下するネットワークがあるのだ。その後，神経測定で認められるネットワークのうち，このネットワークは脳がどんな状態にあっても存在することが判明した（そのため「デフォルト（初期設定）」という言葉が使われている）。デフォルト・モード・ネットワークは，脳の前頭葉と頭頂葉という，解剖学的には互いにかけ離れた領域を数多くカバーしている。この発見は革命をもたらした。2007年までデフォルト・モード・ネットワークという言葉が登場した科学論文はわずか12編しかなかったが，2007年から2014年の間に1,384件にまで増加した。

集中力が低下すると，デフォルト・モード・ネットワークが再び活性化する。脳は，活動休止状態でデフォルト・モード・ネットワークが活動しているか，または活動していてタスクを実行できるかのどちらかの状態しか維持できない。これが，集中力がこれほどまで大きなエネルギーを消費する理由である。集中しようとすれば，脳は外界からの刺激を無視しようと努力するだけでなく，デフォルト・モード・ネットワークの活動も抑制しなければならないのだ。あるタスクのパフォーマンスとデフォルト・モード・ネットワークの活動には相関関係がありデフォルト・モード・ネットワークの活動を抑えれば抑えるほど，パフォーマンスは向上する。しかし，デフォルト・モード・ネットワークには何の意味があるのだろうか。抑制するのにそんなに手間がかかるのであれば，このネットワークはきっと何かの役に立っているに違いない。

白昼夢を見ると集中力が高まる

読書中ふとした拍子に空想にふけってしまうという現象は，誰もが経験あるだろう（この本を読んでいるときにそうならなかったと願いたい）。目線は文章の上を行ったりきたりしているが，情報は処理されていない。代わりに，次の休暇の予定や，昨日やっとのことで無事に収まった口論のことを考えている。気がつくと，目線はページの下まできているが，自分が今何を読んだのか覚えていない。何か活動をしているとき，人は通常，最初からではなく，途中から（もしかしたらこの段落を読み始めたときかもしれないが）など，疲れ始めたときに白昼夢を見始める。でも，これはあなただけではないので心配には及ばない。

白昼夢は科学の世界では非常に重要視されており，正確には「心の迷走（マインドワンダリング）」と呼ばれている。この分野への関心の高さは，デフォルト・モード・ネットワークの関心の高さとほぼ同程度だが，これもまた偶然ではない。人が白昼夢を見ているときに観察される神経活動はデフォルト・モード・ネットワークで見られるものと非常によく似ている。神経測定時の制御状態は脳が何も作業をしていない状態，つまり実験参加者が白昼夢を見始めている状態だ。思考を自由に泳がせて，さまざまな記憶を互いに関連づけるのだ。アメリカの哲学者・心理学者であるウィリアム・ジェームズが，私たちの思考を「四方八方に流れる意識の流れ」と表現したのは有名だ。その流れは強くなったり弱くなったりする。白昼夢を見ていると，永遠に失われたと思っていた記憶がよみがえってきたり，誰かの誕生日を忘れていたことに突然気づいたりと，仕事に集中しているときにはなかったことが起こる。また，仕事をしているときにデフォルト・モード・ネットワークが活性化したり，白昼夢を見ながら複雑な仕事を同時に行ったりはできない。

白昼夢は，いつも予期せずやってくる。退屈な講義や会議，疲労による注意の低下などで，突然空想の世界に迷い込む。窓の外をぼーっと見ている学生は別として，講義をしていると，どの学生が白昼夢を見ていて，どの学生が見ていないのか見分けがつかないことがある。白昼夢には，将来の計画を立てたり，共感を覚えたり，特定の社会的状況における自分の役割を振り返ったりするなど，さまざまなものがある。白昼夢とは，気ままに自分のことを考えたり，ある事件の長期的な影響を考えたりすることだが，ふと気がつくと約束の時間を過ぎていたりすることもあるので要注意だ。

私たちは，起きている時間の多くを実は白昼夢を見て過ごしている。ハーバード大学の科学者たちは，実験参加者に1日の任意の瞬間に何をしているかを尋ね，その場で答えさせるアプリを開発した。この手法は，経験サンプリング法と呼ばれる。実験では，実験参加者にその瞬間に幸せを感じたかどうかも尋ねた。現在もデータ収集を続けているが，第1回目の調査には2,250人が参加したため，すでに約25万回という膨大な量の測定が行われている。（このアプリはhttp://www.trackyourhappiness.orgでダウンロードできる）。

その結果，実験参加者は1日のうち47％の時間を，本来行うべき作業をせずに空想にふけっていることがわかった。実験参加者が「何か活動をしながら関係のないことを考えている」と答えたときには，幸せだと思っているか，不快だと感じているか，またはそのどちらでもないかも尋ねた。その後，*Science*（サイエンス）誌に掲載された記事の見出しは，意外にも“A Wandering Mind Is an Unhappy Mind（さまよう心は不幸な心である）”であった。実験参加者たちは，ある活動を行っているときよりも，空想しているときのほうがずっと不幸だと答えた。白昼夢を見ているときの思考は，ほとんどの場合，私たちが想像するような幸せな思考ではなかった。砂浜を歩いているときや日没を見ているときには幸せな気持ちになれるかもしれないが，それはむしろ例外的なことなのだという。

この結果は，完璧な人生を求めていて「もう1日も働かなくてもよいなら幸せになれるのに」と考えている人にとっては実に興味深い。この結果をどう解釈するかは人によって大きく違ってくるだろうが（幸せは相対的な概念であり，測定するのは難しいし，今回の実験参加者は，全体として母集団を代表しているとはいえないため），仕事に没頭しているときのほうが，空想しているときよりもずっと幸せである可能性は十分にある。このような考え方は，多くのリラクゼーション療法にも見られる。これらの療法では，現在頭のなかにある活動に集中することで「今を生きる」ことができるとアドバイスしていて，上記の研究はそのようなテクニックの裏づけとしてよく利用されている。「人間の心はさまようものであり，さまよう心は不幸な心である」と科学者自身が簡潔に結論づけている。この研究では，もう一つの意外な発見があった。実験参加者は愛を交わしているときにはとても幸せな気分になり，ほとんど白昼夢を見ないというのだ。実験参加者がベッドの上であれこれしているときに，科学の名の下にわざわざスマホで自分の状態を伝えなければならなかったことを考えると，この研究がなおさら注目に値するといえるだろう。

空想に費やす時間には大きな個人差がある。教室の窓から遠くを見つめる子どもの姿には，誰もが見覚えがある。あなた自身も空想家かもしれない。集中力の重要性を知る今となっては，白昼夢が特定のタスクの遂行能力に悪影響を及ぼすと聞いても驚かないだろう。しかし，空想癖のある人は，押しなべてワーキングメモリの容量が小さめでIQテストの成績が悪いと聞くと意外に思うかもしれない。とはいえ，これは相関関係の話であり，空想癖と知能の間には強い関係性が見られるとしても，必ずしも白昼夢が知能の低下を引き起こすわけではない。結局のところ，集中力を維持するためには，優れたワーキングメモリが必要だ。集中しているときにはデフォルト・モード・ネットワークが抑制されていて，集中力が途切れるとデフォルト・モード・ネットワークが再び活性化され，白昼夢が始まる。白昼夢は集中力の低下を引き起こし，その世界にいると周囲への意識が薄れ，もしも車を運転していれば非常に危険な状態になる。このような周囲の環境に対する意識の低下は，「知覚的分断（perceptual decoupling）」として知られており，感覚が外界から切り離されてしまうことを意味する。

もう一つの優れた白昼夢の実験では，実験参加者があるタスクをしているときに，本当にそのタスクに注意を向けているのか，それともまったく別のことを考えているのかを尋ねた。その結果，注意のレベルが低下しているのは，最もミスが多い時間帯であることが判明した。また同時に，実験参加者には空想の迷路から抜け出せるルート，つまり出来に応じて報酬が得られる可能性があることも提示した。パフォーマンスがよければ報酬がもらえるとわかった実験参加者は，その後のパフォーマンスが向上しただけでなく，空想をしなくなった。集中して仕事をしたいときは，自分にご褒美を約束してみてはどうだろうか。

では，白昼夢を見ることは悪いことばかりなのだろうか。実は白昼夢には，非常に重要な機能があるとする科学者もいる。たとえば，周囲の世界にそれほど気をとられなくなると，自分自身に集中することができ，将来の計画を立てやすくなる。白昼夢の内容を聞いてみると，多くの人が「個人的なことが多い」と答えるが，これは別名「自伝的プランニング」と呼ばれている。このような考えは，多くのメリットをもたらす。特に，集中すべきタスクがそれほど重要でない場合や，それほど注意を払う必要がない場合には，このような考えが必要になる。

白昼夢のもう一つの利点は，非常に退屈な作業（歯磨きよりもさらに退屈）もより楽しいものにできることだ。実験参加者に45分間の退屈な作業をさせたところ，一様に，事前に感じていたよりも幸福感が薄れたと答えた。しかし，この幸福感の低下は，作業中に空想をしたと答えた実験参加者の間ではあまり顕著ではなかった。白昼夢には「退屈しのぎができる」というが機能ある。脳は常に何かをしていなければならない器官だと考えると，何もすることがなくて暇をもてあましているときには，空想上の未来に向かって思考を巡らせることができるのだ。

前述した白昼夢の機能については，最近では少し様子が変わってきているようだ。スマホが登場して以来，私たちはもう退屈することがなくなった。手の届くところに気晴らしがある。この変化を科学的に検証したわけではないが（スマホが登場する以前に戻って比較できないため）スマホが登場して以来，私たちは以前ほど空想をしなくなったと結論づけてもよいだろう。私たちはスマホを介して多くの刺激を受けているため，最近では白昼夢を見ることはめったにない。スマホでSNSを追いかけていくことは，集中と空想の間にある一種の荒地に佇(たたず)んでいるようなものだ。作業に完全に集中しているわけではない。実際に行動を起こさなくても，すべての情報や刺激が勝手に押し寄せてくるからだ。その一方で，入ってくる情報を全部処理しなければならないので，空想にふける暇もない。空想にも重要な機能があることを考えると，たまには自ら退屈な時間をつくって，スマホを無視してみるのもよいかもしれない。

白昼夢の最も重要な機能の一つは想像力を刺激したり，新しいアイデアを思いついたり，複雑な問題を解決したりする「無意識の力」を発揮できることだ。集中力や創造性について書かれた本のなかではよく「空想してみれば新しいアイデアが自然と生まれてくる」とアドバイスしている。空想しているときは,「無意識の心」が問題を解決してくれると考えられている。むしろ,意識的に問題を解決しようとせずに,いっそのこと「無意識」に任せたほうがよいのかもしれない。これは,空想する時間が減ったために創造性が低下しているという,SNSのもう一つの大きな問題を示唆している。しかし,これは本当に正しいのだろうか。仕事中に休憩をとり,頭をクリアにしてまた問題に取り組めるようにすることがよいアイデアであることは間違いない。しかし,休んでいる間に,「無意識の心」が積極的に働いて問題を解決してくれるというのはどうだろう。

この「無意識の力」や「無意識の心」についての主張は,心理学者のアルバート・ヤン・Ap・ディクステルホイスの研究に基づいている。彼は,このテーマについて科学的な書籍や論文を多く書いており影響力も大きい。人間の脳に関してすでに知られている事柄を考えると,彼の発見は驚くべきものだ。計算や推論の機能はワーキングメモリの領域であり,それらは集中力を必要とする。ワーキングメモリは,脳内のあらゆる情報が集約され,その情報を検討するために必要なツールが配置されている場所だ。情報は私たちの意識下にあり,これらの定義に基づけば「無意識の思考」というものはあり得ない。つまり,私たちは「意識的なワーキングメモリ」と同じくらい強力な「無意識的なワーキングメモリ」をもっているということになる。近年,ディクステルホイスらの研究成果は,ますます注目を集めている(囲み記事参照)。

それほど賢いとはいえない無意識の世界

Ap・ディクステルホイスは,単純な条件下で何か選ぶ場合には意識的なプロセスのほうがよい結果が出るが,どの新車を買うべきなのかというような複雑な選択を行う場合には無意識に任せたほうがよいと主張し,これを「deliberation-without-attention hypothesis」(注意を伴わない熟慮仮説)と呼んでいる。条件が複雑すぎてどの車を買えばよいかと迷ったときは,まず空想にふければ自然と答えが浮かんでくる,つまり脳が自然と答えを教えてくれるというのだ。いうまでもなく,私たちは考えに考えた末,それでも納得がいかないままに何かを選ぶこともよくあり，常に最善の選択をしているわけではない。ゆえに「無意識的な判断のほうが優れているかもしれない」というのは，ずいぶんと魅力的な提案だ。どうせワーキングメモリの容量は限られているのだから，いくら考えたところで複雑な計算をするのは難しい。しかし，だからといって無意識のうちにそんなに複雑な計算ができるかといえば，それも疑問だ。

ディクステルホイスの実験では，実験参加者は4種類の車の情報を与えられる。それぞれの車には，4個（単純条件）または12個（複雑条件）の特徴が記されている。1台の車はよいとされる特徴が75％（明らかに最良の選択である）残りの2台は50:50，最後の1台はよいとされる特徴は25％しかなかった。意識的選択を行う実験参加者は，考える時間を4分間与えられたあとにどの車を選ぶかを決めた。無意識的選択を行う実験参加者は，4分間難しいパズルをたくさん解くように指示され，その後買うべき車を決定した。

その結果，車の特徴が4個しか提示されていない単純条件の場合，意識的選択を行った実験参加者は，無意識的選択の実験参加者よりも，最良の車を選んだ確率が高かった。一方，車の特徴が12個も提示されていて，選択がより難しい複雑条件の場合は，無意識的選択の実験参加者のほうが，最良の車を選んだ確率が高かった。これは「the deliberation-without-attention hypothesis」（注意を伴わない熟慮仮説）と一致した。条件が複雑な場合は，無意識に選ぶほうがよい結果が出ると証明されたのである。この結果は，家具の大型販売店「IKEA」（家具の選択が複雑）やオランダの有名デパート「デ・バイエンコルフ」（服の選択が簡単）の購入者を対象にした調査でも裏づけられた。デ・バイエンコルフでは，慎重に検討して購入した客（意識的選択）は，衝動買いをした客（無意識的選択）に比べて，その商品に対する数週間後の満足度が高かったが，IKEAの場合はその逆で，衝動買いをした客のほうが，慎重に検討して購入した客よりも満足度が高かったのだ。

しかし，これらの結果は疑わしい「事実」に基づいているだけでなく，再現することが非常に難しい（こういうと少々皮肉っぽく聞こえるかもしれないが）。2015年，マーク・ニューウェンシュタイン率いる研究チームが，大規模な研究を実施し，ディクステルホイスのチームと同じ結果を得られるかどうかを検証した。ディクステルホイスの研究では，1回の実験で使用する実験参加者の数がかなり少なかったため，ニューウェンシュタインらは10倍の数の実験参加者を用いた。実験ではまったく同じ車の機能のリストを提示し，同じ手法を使用した。その結果，399人もの実験参加者から集めたデータに基づいて検証したにもかかわらず，ディクステルホイスの研究結果と類似した点はどこにも見られなかった。また，それまでに発表された，ディクステルホイスの理論を支持または否定する証拠をすべて分析した結果，この理論を支持する過去の研究はどれも実験参加者の数が非常に少なく，調査結果は信頼するに値しないとの結論に達した。

ディクステルホイスの研究にはほかにも問題があった。たとえば，研究者たちは，車の好ましい特徴とは何かを自分たちで決めており（たとえば，カップホルダーの存在を車の燃費と同列に並べていた），実験参加者は学生で，意識的選択を行う実験参加者には考える時間が長く与えられていた（16個の特徴に対して4分）。別の研究では，実験参加者は30秒後にはすでに決断を下すことができた。このことから，ディクステルホイスの結果は，考える時間を与えられすぎたことによる弊害であって，無意識のうちに決断を下す能力ではないと考えられる。

こういった事態は，社会心理学を悩ませている再現性の危機を表している。つまり，先行研究の結果を再現するのは難しいことが明らかになったのだ。ここで強調しておきたいのは，これは必ずしも過去の研究が不正であることを意味するものではなく（不当に非難されることはあるものの）実験参加者の数など，設定方法に問題があるということだ。いずれにせよ，私たちは過去の失敗から何かを学ばなければならない。それが科学を前進させる最善の方法であり，社会心理学は，よりよい研究方法と統計的分析を確保するという点において，今や最前線をいく学問の一つとなっている。また科学界外の人々が，メディアが過去に発表した主張や，創造性に関する理論に重要な役割を果たしてきた主張が，実は間違っていた可能性があり，さらなる裏づけが必要であることをもっと認識するようになれば，心理学の発展にとって大きな助けとなるだろう。ちなみに，私の考えでは，無意識ではよい判断は下せない。たとえ非合理的であっても，意識的に考えなければ結論は出ない。それしか方法はないのだ。

ここで，ディクステルホイスは自分の理論を主張し続けており，再現実験が失敗するたびに，それは彼らが間違ったタスクを使用したからだと主張していることも指摘しておかねばならない。ただ，いえることは，彼の理論は非常に特殊な状況下でしか成立しないということである。

考えてみれば，精神的な休息をとっている間に，脳が勝手に問題を解決するなどという証拠はどこにもない。しかし，いったん休んでから思考を再開することで，新たな視点から問題に取り組めるようにはなる。精神的に一時停止することがプラスの効果をもたらすことはよくある。重要な決断を迫られているときには「一晩考えてみよう」とよくいわれるのはそこだ。意識を逸らすことで，別の観点から改めて問題に取り組み，違う結論を得るための時間を確保できるのだ。人はよく些細なことに固執してしまうことがあるが，精神的に一時停止することでいったん立ち止まり，一歩下がって物事を見て，考え直すことができる。たとえば，昨日ショールームで見た新車の色にとても惹かれたのに，一晩寝てみたらその車の内装がまったく好みに合わないと気づくかもしれない。その間に何か不思議なことが起きたわけではなく，ただ新しい視点を得ただけなのだ。前章のテクノロジー・ブレイクと同様，空想の時間は精神的な充電に役立つ。脳は常に内的・外的な刺激を受けていて，不必要な情報はすべて排除しようとして疲弊してしまう。では，心の休憩時間には何をすればよいのだろう。スマホをいじるのがよいのだろう，それとも散歩をするのがよいのだろうか。

心を充電する方法

作曲家のルートヴィヒ・ヴァン・ベートーヴェンは習慣を非常に大切にしていた。朝食には必ずきっちり60粒のコーヒー豆でいれたコーヒーを1杯飲んだ。完璧なコーヒーをいれるには60粒が最適だと確信し，一粒一粒ていねいに数えていた。そのあと机に向かって仕事をしたり，長い時間散歩をしたりして1日を過ごした。哲学者のボルテールは毎日午後になると自分の屋敷の周りを車で走り回っていたし，画家のジョアン・ミロはスペインの海辺の町モンロワ・デル・カンプでほとんど仕事をしていたという。

多くの偉大な哲学者や芸術家が集中するために自然を求めるのは，何か理由があるのだろうか。一つの可能性としては「注意回復理論」（Attention Restoration Theory，略称ART）が挙げられる。この理論は，自分が置かれている環境によって注意の回復の度合いが決まり，自然のなかに身を置くのが最適であるというものだ。ARTは，自然それ自体が一種の心理療法であるとさえ主張している。副作用のない，完全に無料の心理療法である。

では，このような主張は本当なのだろうか。これまで見てきたように，注意には大まかにいって2種類ある。外界からの情報によって発生する無意識と，自分の目標やそのときの自分にとって重要なことから発生する随意的注意である。また，随意的注意が集中する能力を決定することもわかっている。ARTでは，自然のなかを歩けば，随意的注意が回復すると考えている。自然のなかには，夕焼けや素晴らしい景色など，本質的に興味をそそられる情報がたくさんある。こういった情報に意識的に注意を向け，何か直接的な行動をとる必要はない。さらに，他人や広告，交通量などに常に気をとられている都会に比べれば，無意識な注意のレベルも格段に低い。都会を歩き回るには，常に周囲に注意し，要らないものに気をとられないようにしなくてはならない。しかし，自然のなかを歩くときは街中を移動するときに比べて（ジャングルのなかを除けば）意識的な注意は必要ないし，何かを無視しようと努力する必要もない。周囲にあるものすべてを受け入れ，心の赴くままに好きなものに意識を向ければよいのだ。

散歩がパフォーマンスの向上につながるのはこのためで，注意に関連するあらゆる活動，さらには記憶力の向上にもつながる。また，山奥に行かなくても，自然の映像を見るだけでも同様の効果が得られる。しかも温暖な気候でなくても，凍えるような寒さの冬の映像でも同じ効果が得られる。

このような研究結果と，パフォーマンスの向上を目的としたトレーニングプログラムには興味深い関連がある。全神経を集中させなければならない作業を想像してみてほしい。もし，重要なタスクを実行する前に，交通渋滞に巻き込まれてひどい目に遭っていたとしたらどうだろう。パフォーマンスは，森のなかをゆったりと散歩してから戻ってきたばかりのときよりもずっと悪いだろう。あなたがもし学生なら，このことは次の試験のためにもぜひ覚えておいてほしい。いつも思うのだが，電車が遅れてギリギリになって試験会場に駆け込んできた学生は，リフレッシュして時間通りに到着した学生よりも，はるかに集中力を欠いている。

ARTからは，子どもたちの学習環境を改善するための興味深いヒントが得られる。ADHDの子どもたちは，街中を20分歩くよりも，公園を20分歩いたあとのほうが集中力は高まるという研究結果がある。ここで明らかになった改善効果は，多くのADHAの子どもたちが服用しているメチルフェニデート（薬名：リタリン）で得られる効果と同程度のものだった。つまり，都会の学校よりも自然に囲まれた学校のほうが，子どもの集中力を高めることができるのだ。自然を眺めることができる窓があるだけでも集中力は上がる。うつ病の人にも自然がよい影響を与えることが知られていることを考えれば，ベートーヴェンが楽譜を書く前に長い散歩を好んだのも納得できる。

集中力は鍛えられる

ワーキングメモリにタスクを保存するには，要らない情報は無視する必要があることはすでに述べた。たとえば，ナイトクラブに迷惑な客が入ってこないようにする用心棒を想像してほしい。ある時点で疲れ果ててしまうと，彼のワーキングメモリからタスクは消えてしまうかもしれない。このような場合でも（用心棒だけでなく私たち全員にとっても）朗報がある。集中力は鍛えられる。心理学者のK・アンダース・エリクソンの論文には，バイオリン演奏など複雑なタスクで，真のプロの技を発揮させるコツがいくつも挙げられている。エリクソンによると，バイオリンの習い始めに練習の効果が出るのは，1日最大1時間までだという。長く練習すればよいというものではないらしい。しかし，経験を積めば積むほど，より長時間の練習に耐えられるようになる。この論文では，ベルリン芸術大学のバイオリニストたちが取り上げられている。この才能ある音楽家たちは，1日最大4時間の練習をしばしば2回に分けて行っている。ほかの専門分野でも同じような取り組みが見られる。最高レベルのパフォーマンスを見せるスポーツ選手や音楽家について語るとき，才能を語るだけでは彼らの半分しか語っていない。彼らは非常に厳しいトレーニングを積んでいるのだ。そして，高レベルのパフォーマンスをより長く維持するコツを学ぶことが重要だ。バイオリンも練習しなければうまくはならない。これは，集中力を必要とするすべての作業に当てはまる。長時間一生懸命練習するのをやめてしまうと，集中する能力自体が下がってしまう。そうなるとまたトレーニングを受けなおして，専門技術のレベルを上げなければならない。技術を上げるだけでなく，高レベルのパフォーマンスをより長く維持できるようにするのが肝心なのだ。

また，何時間もだらだらと練習しても，思うような効果が得られないのも事実だ。バイオリンのように非常に難しい技術の場合，1日に4時間以上練習してもほとんど効果が上がらないといわれている。これを聞くと安心する人もいるかもしれないが，会議や本筋とは関係のない活動で一日中大忙しな人にとっては，4時間も集中できるというのは現実からは程遠い。私が4時間以上集中して仕事ができるのは，学生がほとんどいない夏休みの間だけなので，学期中はできるだけ数時間スケジュールを空けて，静かな大学図書館で学生に交じって仕事をすることが多い。

集中力を高めるにはトレーニングが必要だが，タスク実行型のトレーニングプログラムで注意のレベルを上げることを約束するスマホアプリを利用するのは避けたほうが懸命だ。ここで向上した注意のレベルは応用がきかず，アプリを使用していないときには何の役にも立たない。アプリでスコアが伸びれば嬉しくて仕方ないかもしれないが，現実世界ではあまり役に立たないだろう。そのよい例が，BBCの人気科学番組『Bang Goes the Theory』の視聴者数を利用した大規模な実験だ。この実験では，18歳から60歳までの52,617人もの実験参加者が，6週間にわたるインターネット調査に参加した。参加者は，事前に注意をはじめとするさまざまな認知機能テストを受け，詳細な認知機能を図に表して，実験後に改善した点と比較する。実験群は，各10分間の六つのトレーニング課題を週3回行うよう指示された。テストの結果が良好であればあるほど，課題の難易度は上がっていった。そのうちの一つは「注意」に特化したもので，ほかの課題は，記憶や判断力などの認知機能に関わるものだった。一方統制群はコンピュータに向かって時間を過ごしたが，トレーニング課題は行わなかった。

6週間後，11,430人の参加者がトレーニングを終えて再び注意のレベルを測定した。どのトレーニングプログラム（注意に特化したものも含む）も，注意に関する実際の改善にはつながらなかった。実験群の実験参加者は統制群よりもトレーニング課題の成績は良かったものの，その効果はほかの課題には影響しなかったのだ。結論からいえば，勉強や仕事に関連した集中力を高めるには，ただ単に勉強や仕事をするしかない。そうすれば，その過程で何か得るものがあるかもしれない。

瞑想の価値

瞑想が集中力を高める効果があるという科学的な研究結果が数多く発表されている。では,ここで瞑想について詳しく紹介しよう。瞑想の目的は主に,リラックスして内的な精神プロセスに随意的注意を向けることだ。しかし,「瞑想」を正確に定義することは難しい。なぜなら瞑想はある特定のタイプの訓練ではなく，多数の異なるテクニックの総称だからだ。現代ある瞑想法の多くは，数千年前から続く仏教の伝統にその起源をもつ。

瞑想には集中力に関するさまざまなスタイルがあるが，その一つに「集中瞑想」と呼ばれるものがある。この「集中瞑想」の目的は，ある対象物に自発的に注意を向けることだ。対象物は花瓶のような現実世界の物体であったり，想像上の物体であったり，あるいは自分の呼吸であったり，要は何でもよい。大切なのは，自分の意識に強く注意を向け，集中力を持続させることだ。こうすることで，集中力が鍛えられる。思考や音など，侵入してくる情報は無視しなければならない。もしもそちらに気を取られたら，すぐにその「侵入者」から注意を逸らして，再び対象物に集中しなければならない。この瞑想法と集中力との関連性は一目瞭然だ。共有オフィスで雑音が気にならないようにするには，まったく同じスキルが必要になる。また，より開放的な瞑想として，ただ一つの対象物ではなく，聞こえてくるもの，見えてくるもの，感じているものすべてに注意は向けるが，それに対して反応はしないというものもある。どちらの瞑想も，注意の働きを鍛えるためには有用だ。

この種の瞑想が集中力を高めるのによいというのは，決して突飛な考えではない。レイ・ライン*のような非科学的な考えとは関係なく，純粋に，瞑想は集中力を鍛えるのに利用できるということだ。瞑想を行う場所としては，できるだけ気が散らない，静かな場所を思い浮かべるだけでよい。賑やかな

＊　古代の遺跡や神聖などの重要な場所は一直線上に並ぶよう建造されたという仮説。

場所で瞑想ができるのはよほどの熟練者だけだ。もちろん，瞑想にはほかのメリットもあるが，ここでは注意のレベルを高めることにだけ焦点を当て，今のところ，ほかのことはすべて無視しよう。まさに禅そのものだ。

昔から行われてきたこのトレーニングの効果を検証するために，本格的な研究が行われるようになったのは，わずかここ15年ほどのことである。この種の研究では，実験参加者は数カ月間道場に送られて集中的な瞑想トレーニングに参加したり，1日に10時間も瞑想を行ったりすることもある。それほど集中的ではないが，それでも毎週数時間瞑想させられる場合もある。しかし，これらの研究結果には明らかな限界があることを指摘しておかなければならない。それは，実験に参加するのがどういう人たちか，ということだ。実験参加者には瞑想の経験がないことが前提だが，こういった実験の参加に同意する程度の興味はある。つまり，瞑想にまったく興味のない人が実験に参加することはないので，すべての人に瞑想の効果があるはいえないのだ。

しかし，瞑想が集中力の向上に有効だという結果が得られていることは否定できない。多数の実験参加者を対象とした研究はまだ行われていないが（単に経費の問題であるが），集中的なトレーニングを受けた実験参加者は，集中力を測るタスクで以前よりもよいスコアを出しており，これは「集中瞑想」にも「開放的な瞑想」にも当てはまる。マックワースの退屈な時計の実験（66ページ参照）を思い出してみよう。1日5時間の瞑想を3カ月続ければ，退屈なタスクのパフォーマンスも向上するかもしれない。

そうなると，わざわざ瞑想をするよりも，3カ月間マックワースの時計を見る練習をしたほうが効果的なのではないかと思うかもしれない。確かにその可能性もあるが，これまで述べてきたように，多くのトレーニングプログラムの問題点は，結果が限定的なことだ。あるパズルを何度も解いて上手になったからといって，ほかのパズルもうまく解けるようになるとは限らない。たとえば，ロンドンのタクシードライバーは，道を覚えるのが得意なことで有名だが，ほかの記憶力がよいわけではない。汎用性のあるトレーニングプログラムはほとんどないのだ。

しかし，瞑想は例外のようだ。瞑想の実験参加者は，瞑想を必要としないタスクでもよい結果を出した。アムステルダム大学のヘリーン・A・スラフテルは，以下のように瞑想の特徴をまとめ，なぜこのようなトレーニング方法が効果的なのかを説明している。ちなみに，これらの特徴は瞑想だけのものではなく，音楽教室など，同じ特徴をもつトレーニングでも同じような効果が得られる可能性は十分ある。

1. **トレーニングの文脈：** 瞑想にはいくつかの異なるプロセスがある。たとえば，集中瞑想の場合，一つの対象物に長時間意識を集中させ，ありとあらゆる無駄な情報を無視しなければならない。これにより，注意に関するさまざまな要素を鍛えられる。日々の活動で最高のパフォーマンスを発揮するには，注意の色々な側面を同時に使う必要がある。
2. **タスクのバリエーション：** 瞑想多くの場合では，部屋のなかの物体であったり，思考や感情であったり，トレーニングごとに異なる対象物に注意を向けなければならない。これは，同一タスクのさまざまなバリエーションに役立つ。
3. **訓練する認知プロセス（注意）の種類：** この本を読めば明らかなように，私たちが日々行っている作業の多くは，注意を必要とするため，注意の働きを鍛えると色々な活動に大きなメリットがある。
4. **タスクの難易度：** トレーニングでは，上手になればなるほど，タスクの難易度を上げていくのが効果的である。これにより，チャレンジ精神を維持することができる。瞑想では，トレーナーが徐々に複雑な瞑想へと導いてくれる。
5. **覚醒水準：** すでに見てきたように，集中力を高めるには，適度な覚醒が必要だ。覚醒水準は，強すぎても弱すぎてもよくない。瞑想では，居眠りしないように，また同時に熱中しないようにするのがコツである。
6. **トレーニング期間：** 実験参加者が参加するトレーニングプログラムは，数カ月間，毎日長時間にわたって行われる。これほど長く続けられるトレーニングはめずらしい。

空想癖がある人には，どうも瞑想が適しているようだ。ある実験では，長期間の瞑想トレーニングを受けた実験参加者は，その後あまり白昼夢を見なくなるという結果が出ている。これは，瞑想によってデフォルト・モード・

ネットワークを長時間抑制でき，集中力が長時間持続できるようになったといえる。瞑想の研究はまだ始まったばかりで，克服しなければならない問題が多くある，乗り越えられないことはなさそうだ。この研究は，コンピュータゲームの開発には大いに役立つが，そうした開発のスキルはゲームそのものとは関係しない。

オフラインにしよう

集中力を切らさないためには，現在，どのようなタスクに取り組んでいようとも，それから離れてみるのも一つの手だ。これは，働き方を大きく変える可能性がある。アメリカの有名なコンサルティング会社ボストン・コンサルティング・グループが行った調査によると，社員のなかには，クライアントや同僚からの質問に即座に対応することが重要だと考えて，営業時間外に週に25時間もメールチェックをしている者がいた。この会社では，新しいプロジェクトを始めるときに，ある一つの実験を行った。勤務時間内だけでなく勤務時間外にも「休み時間」を設け，その時間は新しいメールやボイスメールをチェックすることを禁止したのだ。

この試みはあまりにも斬新だったため，スタート当初は文字通り強制的に社員に休みをとらせなければならなかった。締め切りが間近に迫っているときなどは特に大変だった。最初の実験では，週に1回，できれば週の半ばに丸一日の休みをとらせた。全体の稼働時間が以前の80％になってしまったため，労働時間を元の水準に保つためにチームメンバーを増やさなければならなかった。最初は，このプロジェクトへの参加は自分のキャリアに不利になると考える社員がいたこともあり，多くの抵抗があった。しかし，この実験は大成功を収め，社員の熱意に押されてさらに大規模な2回目の実験が行われることになった。

2回目の実験では，いくつかのチームは夕方に休み時間を設けることにした。空き時間を補填するための余分な人員は募集しなかった。もちろん，ほかの夜も社員は自由であるが，指定日だけは仕事に関係することは一切禁止されていた。翌日，社員たちは新鮮な気持ちで意気揚々と仕事に臨んだ。アンケートでは，チーム内のコミュニケーションが改善され，仕事とプライベートのバランスへの満足度も上がったと答えている。また，最終的な成果も目に見えて向上したと感じている社員も多かった。結局，顧客を満足させるために24時間体制で待機する必要はないということだ。

新着メッセージをチェックし続けると，仕事以外のタスクへの切り替え頻度も上がり，ストレスが増すばかりとなる。メッセージをチェックするまでは，その内容も送り主もわからない。もしかしたら，ちょうど子どもと一緒にレゴの城をつくっているときに同僚から感情的なメッセージが届いているかもしれない。もしもそんなメッセージを読んでイライラしてしまったら，レゴの城づくりに戻れる可能性はかなり低くなり，子どもをほったらかしにして，ノートパソコンに手を伸ばす可能性のほうが高くなる。

このような行動は，昼夜を問わずいつでも連絡がとれる状態にしておかなければならないと考える労働者の典型的なものだから，2017年1月1日にフランスで，労働者は勤務時間外にはオフラインにする権利を明記した法律が施行されたことは驚くにはあたらない。この決定が2015年にフランスの労働省大臣が行った調査に基づいているからだ。調査結果によると，労働者は勤務時間外でも関係なく連絡をとれるようにしておくよう要求され続けており，そのせいで燃え尽き症候群，不眠症，人間関係の悪化などが起こる可能性があると警告されたのだ。しかし，この法律は完全に守られているわけではなく，従業員は雇用主との合意を得る必要がある。さらに，雇用主が罰せられるのは，従業員が裁判を起こし，勤務時間外に電話やメッセージに対応し続けた結果,燃え尽き症候群になったことを証明できた場合のみである。

この法案に対するフランス国内の最初の反応は，どちらかといえば懐疑的で，世界のほかの国々からも「クレイジーなフランス人がわざわざご苦労なことだ」と鼻先で笑われていた。しかし，本章の研究結果に照らし合わせれば，これは正しい方向への第一歩と認めざるを得ない。もちろん，政治的な駆け引きでしかないのかもしれないが，それでも正しい駆け引きだ。労働時間の改善や休日の増加を求めて毎日のように人々が街頭で抗議活動を行うような時代ではない今，新たな取り組みが必要なのだ。その例として，業務終了後に社内のメールサーバーを停止したり，終業時間の午後5時になると文字通り机を宙に浮かせてその日の仕事をストップさせたりしている会社もある。このように,私たちはワークライフバランスを取り戻そうとしているのだ。

集中力を高めるそのほかの方法

集中力の向上に関連する要素として，これまでに紹介していないものがもう一つある。それは，まぎれもなく健康だ。体がしっかりしている人は集中力が高いという研究結果もある。たとえば，定期的に有酸素運動を行う実験参加者は，運動をしていない実験参加者に比べて，注意を必要とするタスクのパフォーマンスが向上したという結果が出ており，これはあらゆる年齢層に当てはまる。健康体の脳は，侵入してくる不必要な情報を無視したり，デフォルト・モード・ネットワークを抑制したりする能力が高いため長時間集中しやすい。というわけで，集中力を高めたければ，定期的に運動することをおすすめする。

健康だけが集中力を高める唯一の方法ではないが，ほかの方法の有効性はまだ科学的に証明されていない。「経頭蓋直流電流刺激法」(tDCS)*など電気的・磁気的に脳へ刺激を与える方法の効果は確認されているが，適切な脳への刺激法はまだ見つかっていない。また，学生が集中力を高めるために，ADHDの人が服用している薬と同じものを使用していることも知られている。確かにメチルフェニデートを使用してよい反応を示す人はたくさんいるようだが，個人差が大きいため，ADHDではない人の集中力向上に適しているとは言い難い。今後の研究で有効な方法が見つかるかもしれないが，それまではこれらの方法は使用しないほうが賢明だ。誤った使い方をすると，副作用などで身体を傷つける危険性もある。この場合，残念ながら「虎穴に入らずんば虎子を得ず」という故事は当てはまらないようだ。

情報を受け取る側には，創作活動や複雑な本を読むときなどに集中力を維持するという難題がある。集中力を維持するには，ある程度のメンテナンスが必要で，瞑想や訓練，運動などの効果は科学的に証明されている。また，集中しているときでも，できれば自然のなかや静かな環境で定期的に休憩をとることが大切だ。少しの間，頭を空っぽにするだけで，次の作品やプロジェクトに取り掛かる前に注意を回復することができるのだから。

---

* transcranial direct current stimulation。頭蓋上に装着した電極から軽い直流電気を流して脳に刺激を与える方法。運動麻痺などに効果があることもわかっており，リハビリへの応用も期待されている。

第５章　交通における集中力の重要性

2011年10月21日金曜日の午後，コーエン・ヴァン・トンゲレンは家に帰るためにハーグ近郊のA4号線を車で走行中，仕事の用事で電話しなければならないことを思い出し，専用のホルダーに置いたスマホで番号を調べていた。前方で渋滞が始まっていたが，彼は電話番号を探すのに夢中でそれに気づかなかった。そして，前方で停車していた車に全速力で追突した。追突した車には母親と二人の幼い子どもが乗っていた。母親は大怪我をし，長男は無事だったが，後部座席にいた２歳の息子は死亡した。コーエンは危険運転の罪で150時間の社会奉仕活動と，６カ月間の運転免許停止処分を受けた。

被害者家族の悲しみに比べれば，コーエンの苦悩は大したことはないのかもしれない。しかし，コーエンの人生は二度と事故前のようには戻れない。オランダのメディアに自ら語ったように，それまでの彼は仕事も順調で，恋愛もうまくいき，素晴らしい家庭をもっていた。しかし今，彼は幼い子どもを死なせてしまった責任を一生背負って生きていかねばならない。すべては彼がほんの数秒間運転に集中できなかったせいだ。事故以来，被害者の家族の許可を得て，彼はドキュメンタリー番組などで多くの人に事故の話を伝えており，ある保険会社のキャンペーンCMにも出演している。CMでは，ドライバーがテストコースで車を運転しながらスマホで，あるタスクを実行している。その最中にダンボール製の車が突然コース上に現れ，ドライバーは慌ててブレーキを踏む。車がダンボールカーに衝突したあと，コーエンが画面に現れ，彼が起こした悲惨な事故について語る。ほんの一瞬でも道路から目を離すと何が起こるかわからないという実話である。

車は，ある程度身を守ってくれるが，自転車ではもっと無防備になる。オランダのコルテンフフという町に住むトミー・ボーイ・クルケンズは，溌溂（はつらつ）とした少年でクラスの人気者だった。最近彼は恋に落ち，初めてのキスをしたばかりだった。2015年8月22日，13歳だった彼は，自転車で陸上競技のトレーニングに向かう途中，交差点で車にはねられて死亡した。彼は全速力で自転車を走らせていたが，道路を見ていなかった。その日の夜，妹のサマーの誕生日パーティーで音楽を担当するため，スマホでSpotifyのプレイリストをまとめるのに夢中になっていたのだ。運転していた女性は，四人の子どもたちと一緒に旅行中だったが，彼女に落ち度はなかった。スピードを出しすぎていたわけではなく，目の前に突然現れた自転車を咄嗟に避けることができなかったのだ。

現在，トミー・ボーイの父親マイケル・クルケンズは，色々な学校を回って息子の事故の話をしている。また，自転車走行中にスマホの使用を禁止するキャンペーンも始めた。毎回講演の冒頭には，トミー・ボーイが事故に遭ったときに聴いていた，DJ・ティエストの『Butterflies』という曲をかけている。その後，この交差点の状況は改善され，自転車が道路を横断する際には速度を落とさなければならないように，木製のポールが設置された。

集中力というと，仕事や勉強をしているときを思い浮かべるが，ほかにも集中力が必要な場面は多々ある。なかでも特に，乗り物の運転中に集中力は欠かせない。オランダではここ数年，交通事故数や交通事故死亡者数が急増し続けている。2017年には，主要道路で発生した，復旧サービスが要請された事故は2万6千件にも上り，2013年の数字と比較して27％以上も増加している。アーネム近郊の高速A12号線のある区間では，増加率は91％にも達している。さらに，ナイメーヘン近郊のA73号線では，131％という驚愕すべき増加率を記録した。2013年まで事故は減少傾向にあり（年間約2万件），ここ数年は道路や車の質が向上しているにもかかわらず，このような事故件数の増加は異例の事態である。

事故件数が増加している理由の一つとして，運転中のスマホ使用による集中力の欠如が挙げられる。交通事故に遭った人のスマホの使用状況については，さまざまな調査が行われている。計699件の事故を調査したある研究では，事故を起こしたドライバーのうち24％が事故発生の10分前にスマホを使用した形跡があった。もちろん，スマホの使用が原因で事故が起きたという証拠はないため，直接的な因果関係はない。単に，危険な運転をする人ほど，運転中にスマホを使う傾向があるというだけのことかもしれない。

因果関係を調べるためには，スマホを携帯していない実験参加者と携帯している実験参加者の運転行動を比較できる実験状況をつくる必要がある。このような実験を公道で行うにはあまりにも危険だが，最近では現実世界での運転行動や交通状況を再現する「運転シミュレータ」という優れた代替手段がある。運転シミュレータの性能は近年ますます向上しており，これを使用した研究結果は実態に非常に近いものとなっている。

ユタ大学の研究者は，実験参加者を2グループに分けて運転行動を比較した。

・**Aグループ：**同一実験参加者が，研究補助者と自分の好きな話題について会話する。

【条件1】スマホを使用して話す（ハンズフリーと手に持つ場合の両方）。

【条件2】研究補助者が助手席に座り直接話す。

・**Bグループ：**オレンジジュースとウォッカを混ぜたものを飲む（酒気帯び運転程度）。

以上のような条件の下，実験参加者は運転シミュレータを使用し，複数車線がある高速道路で不規則なタイミングでブレーキを踏む車の後ろを運転した。

結果1：ブレーキを踏むタイミングは**【条件1】**よりも**【条件2】**のほうが断然早い。

ブレーキをかけたあとに再加速するタイミングも**【条件2】**のほうが早い。

結果2：運転技能は，**Aグループ【条件1】**では，酒気帯び運転状態にある**Bグループ**の実験参加者の運転技能と同じくらい低く，不安定である。

電話で話しながら運転するという行為は，特に交通量の多い場所では渋滞の大きな原因の一つとなり，交通事故につながる可能性が高い。それなのに運転中にスマホを手に持っていた場合の罰金は，飲酒運転よりもはるかに安いとはどうしたことだろう。

今こそ私たちは，運転中の集中力を高めるための対策を講じるべきだ。そのためには，関係当局と道路利用者の双方の意見を聞かなければならない。オランダでは，運転中（車が動いている間）にスマホを手に持って通話したり，メールを送ったりすることは禁止されている。ここで重要なのは，どのような場合なら手に持つことが許され，どのような場合には許されないかという点だ。ハンズフリーでの通話は，いつでも認められている。また，渋滞や赤信号などで車が停止しているときは，スマホを手に持っても通話しても構わない。運転中にスマホを手に持って通話するのは許されないが，電話を専用のホルダーに置いておけば，車が動いていてもメッセージを送ってもよいことになっている。これはちょっとおかしくはないだろうか。運転中に電話で話しているときは，少なくとも道路から目を離すことはないが，たとえホルダーに置いている場合でも，コーエンのようにスマホで電話番号を調べるときには，ほんの一瞬とはいえ道路から目を離すことになり，その間に車はかなりの距離を進んでしまう。時速30マイル（約48km）の場合は3秒で26ヤード（約24m），時速75マイル（約120km）の場合は110ヤード（101m）も移動してしまうのだ。

ハンズフリー通話が，スマホを手に持って話しているのと比べて決して安全とはいえないのに，現在の規則では容認されている。これは間違っていると言わざるを得ない。ハンズフリー通話をするときも，スマホを手に持っているときと同じようにドライバーの注意は散漫になる。運転中の通話がもたらす悪影響は，物理的に手に持っているかどうかとは関係なく，ドライバーの注意のレベルに関係する。電話をかけているときは，ワーキングメモリ，つまり音韻ループを使って文章を作成しなければならない，それと同時に運転にも注意しなければならない。ワーキングメモリに情報を保存しようとして意識が電話のほうに向きすぎてしまうと，目の前の道路をしっかりと見ているつもりでも（文字通り道路に目を向けていても）ワーキングメモリの容量は足りなくなってしまうのだ。

F1ドライバーの眼球運動

先日，F1ドライバーのニコ・ヒュルケンベルグが出演したテレビ番組で，運転中の眼球運動がいかに重要であるかについて紹介されていた。サーキットを駆け抜けるスピードを考えると，レーシングドライバーはその場の状況に驚くほどすばやく反応しなければならない。番組では，レーシングドライバーがどのようにスピードの世界を体験しているのかを知るために，最新の技術を使ってヒュルケンベルグがサーキットを疾走する際の眼球運動をモニターした。

私は科学者としてこれまでさまざまな眼球運動を見てきたが，ニコ・ヒュルケンベルグのテスト結果を見たときは，とても信じられなかった。彼は非常に効率的な眼球運動をしており，そこに余計なものは一つもなかった。気が遠くなるほど長時間のトレーニングを通して，必要な場所だけを正確に見る方法を身につけたのだろう。ヒュルケンベルグは，次のコーナーの先端に視点を集中させているため，先だけを見つめているように見える。また，彼は受け取ったすべての視覚情報を非常にすばやく処理している。計測結果によると，レースのスタートで信号が青になった瞬間からアクセルを全開にするまでの時間は，平均して0.1秒以下だった。

長年のトレーニングの成果は，ヒュルケンベルグがピットレーンを飛び出すときにサイドミラーを見る姿にも表れている。彼がサイドミラーを見る時間はわずか0.1秒だ。これは，凝視（目が静止している時間）して情報を収集するにはギリギリのラインだ。普通の人なら対象物を捉えるまでもっと長くかかるはずだ。

ヒュルケンベルグの目の動きは，自動車学校の教官が第1回目の教習で教えるポイント，つまり運転中に見るべき場所を知ることが，いかに重要かを示している。渋滞のなかで安全に運転することがいかに大変なことか，決して過小評価してはならない。車の運転には非常に効率よく注意を用いることが必要だが，その重要性を私たち自身が理解する必要があるのだ。

交通運動の自動性

私は父に運転の基本を教わったのだが，父にとっては教えるのはとても難しかったらしい。というのも，父は長いこと運転をしていて，もう体が覚えていたため，いちいち言葉にしにくかったのだ。いってみれば，それはもう自動的な活動だったのだ。考えなくても運転ができるのは，脳に「潜在記憶」があるからだ。これがあるので，これまで何度も行ってきた動作なら意識しなくても行うことができる。たとえば，運転を覚えたての頃にはクラッチを踏む，ブレーキを踏む，ギアを変える，アクセルを踏むといった動作を一つひとつ考えながら行わなくてはならない。しかし最初のうちは意識していても，何度もやっていれば潜在記憶のなかにインプットされるため，やればやるほど考える必要がなくなる。そうなるとワーキングメモリを使わなくてもよくなるため，ギアチェンジも，特に意識しなくてもできるようになるのだ。

つまり運転は，ほとんど自動的な活動といえる。とはいえ，日曜日の午後に閑散とした田舎を運転するのと，月曜日の朝，ラッシュアワー中の高速道路の大きなジャンクションで交通状況を見ながら正しい出口を目指すのとでは，やはり大きな違いがある。ひっそりと静まり返った田舎で運転するときは同乗者との会話もスムーズにできるだろうが，交通量の多い高速道路ではわけが違う。目的地に安全に到着するためには，車の運転に集中する必要があるからだ。子どもの頃，南フランスへドライブ旅行をしたとき，父が慢性的な渋滞と迷いやすいことで有名なパリの環状線を運転していると，車のなかの空気がピリピリして，不安になるほど静まり返っていたのを今でも覚えている。父は，運転に全神経を集中させていたのだ(それでもしょっちゅう道に迷っていたのだが)。

意識しなくても運転ができるようになれば，そのぶん道路や周囲の交通状況に注意を払うことができるという意味ではよいことだ。一方で，そうなるとスマホを使いたいという誘惑に負けてしまう可能性が高くなるため，危険でもある。さまざまな交通状況の変化にすばやく対応するには，運転に全神経を集中させる必要がある。初心者だろうがベテラントラックドライバーだろうが，前を走る車が突然ブレーキを踏んだら咄嗟に反応しなければならない。しかしだからといって，運転中のあらゆるコミュニケーションが禁止されているかというと，そうではない。

同乗者との会話はどうだろう。これもワーキングメモリを使う必要があるのではないだろうか。しかし，運転中の会話にはさまざまな種類があり，そのすべてが安全を脅かすわけではない。実験参加者に運転シミュレータで運転中，自分が最も危ない目に遭った経験について友人と電話で，あるいは同乗してもらって直接話してもらったところ，運転ミスが多かったのは電話で会話しているときだった。友人が助手席に座っているときは，話題が道路のの交通状況に関することに切り替わることがあり，ドライバーが注意しなければならない場面では，会話の進め方が変わっていた。ドライバーも会話相手も口数が少なくなり，簡単な単語しか使わなくなったのだ。会話相手も状況を把握しているので，ドライバーが道路に集中しなければならないときには，ちゃんと配慮して会話を進めているようだった。

こういった気配りは，電話で話すときには望めない。会話相手は交通状況を視覚的に把握していないため，たとえば車がパリの環状線のような，全神経を運転に集中させなければならない場所に着いてからも，田舎道を走っていたときと同じように会話を続けてしまう。二人のうちの一人（この場合は運転手）がゆっくり話し始めて会話に集中していないのがわかると，会話がぎこちなくなり，気まずい雰囲気になることさえある。話の内容が複雑な場合は，ドライバーが向ける注意の量が低下して道路をしっかりと見られなくなり，事故のリスクが高まる。

事故のリスクは，車のなかで隣に座っている人と話しているときのほうが，電話で話しているときよりも低い。会話相手がその場にいると，お互いに反応を見ることができるからだ。私たちは，会話相手の表情から多くの情報を得ている。しかしメールで送られてくる絵文字だけでは相手の感情まではわからないこともある。声を聞くだけで相手が何を考えているか読み取れればよいが，顔を見ることができれば会話はさらにスムーズになる。確かに同乗者を見るために一瞬道路から目を離すこともあるが，そのデメリットは，電話で話していて事故を起こす可能性に比べれば何でもないことだ。会話相手が現場にいないときは，頭のなかに相手の顔を思い浮かべることになり，そのために視覚ワーキングメモリ（視空間スケッチパッド）を使う必要がある。それこそがまさに，車の運転にとって重要なワーキングメモリの一つなのだ。

1990年から1999年にかけてスペインで起きた交通事故を分析したところ，同乗者がいるほうが事故の確率が低いことがわかった。これにはさまざまな理由が考えられるが，その一つに，運転は共同作業だということが挙げられる。同乗者はドライバーに危険な状況を警告し，自分の経験をドライバーと共有できる（共通認識）。もちろん，これは車内でのすべての会話に当てはまるわけではない。同乗者が子どもだったり，会話の相手が（パリの環状線に乗ると後部座席からあれこれ要らぬ指示をする私の母のような）余計な口出しをする人だったりすると，それこそ皆が危険な目に遭ってしまうかもしれない。何はともあれ，この理論には，運転中には気が散らないようにすべきだという考えとは違う点もあるが，それでも興味深いものがある。

歩行者の集中力低下

2017年2月，オランダのボーデグラーベンという町で，初めて信号機の手前の歩道に赤と緑のLEDライトが埋め込まれた。これは，スマホから目が離せず，信号が赤になっても車道に出てしまう歩行者のために特別に設置されたものだ。このライトは，スマホに釘づけの歩行者にもうすぐ信号機があることを警告してくれるので，彼らは安全に道路を横断できるようになる。当局はまず，歩道にこの埋め込み式信号を設置し，その後，自転車専用道路へ導入することも検討している。もちろん，この取り組みに批判的な意見がないわけではない。色覚に障害のある歩行者はどうなるのか。歩行者が埋め込み式信号機を期待しているからといって，すべての歩道に設置する必要があるのか。事故に遭わないように気をつけるのは歩行者の自己責任ではないか。歩きながらスマホを使うことを容認することになるのではないか，などである。

このような批判を受けながらも，この埋め込み式信号機を開発したのにはそれなりの理由があった。日本ではスマホを見ながら電車や地下鉄のホームから転落する人が多く，「歩きスマホ」という言葉があるくらいだ。東京都内では，2013年だけでも「歩きスマホ」が原因で36人も怪我をして入院している。スマホをいじりながらイヤホンをつけて歩いていると状況はさらに悪化する。周囲へ向ける注意がほとんどゼロになってしまうのだ。

インターネット上には，スマホに目(と耳)を奪われて，噴水に突っ込んだり，街灯にぶつかったり，溝に落ちたりする人の動画がたくさんある。そのなかでも特に評判が悪いのは「噴水少女」ことキャシー・クルス・マレロという女性の動画だ。2011年，彼女はスマホでメールを打ちながらショッピングモールを歩いていたところ，噴水のなかにに落ちてしまった。その様子は監視カメラで撮影され，すぐにネット上に投稿された。彼女は一夜にしてインターネット上の有名人となり，テレビ番組にもいくつか出演した。しかし，彼女はその後，ショッピングモールを訴えると脅してきた。彼女が噴水のなかでびしょ濡れになって倒れていても誰も助けにこず，しかもモールの警備員が監視カメラのビデオをネットにアップしていたからだ。最終的には，ショッピングモール側は出廷せずに済んだのだが，動画をネットに上げた従業員は解雇されることになった。

アメリカでは，スマホに夢中になって歩道から車道にはみ出してしまった歩行者は，罰金を支払わなければならない都市がいくつかある。ニュージャージー州のフォートリーではその額は54ドルにもなる。またユタ州では，踏切を渡るときに注意しなかった場合，50ドルの罰金が科せられる。ニューヨークでは，交通事故の52％が歩行者によるもので，その被害総額は毎年10億ドルにも上るといわれている。最近，ニューヨークで行われた調査で，1995年から2009年の間に発生した市内の交通事故のワースト10を取り上げた。その結果，3,500人の歩行者のうち，四人に一人が道路を横断中にスマホ（及び携帯電話）を使用していたことがわかった。

歩行者は注意散漫になると歩くスピードが遅くなったり，歩道をジグザグに横切ったりする傾向がある。これは特に子どもにいえることで，子どもは交通量が多い場所では最も被害を受けやすい。シミュレータを使ったある研究では，70人の子どもたちに，スマホを操作しながら6回，何もしないで6回，合計12回，道路を渡ってもらった。その結果はとてもショッキングなものだった。スマホに気を取られているときは，事故に巻き込まれたり，危うく車に接触しそうになったりすることが何もしていないときよりもかなり多かった。また，道路を横断する際に，向かってくる車との距離を見誤ったり，路上で立ち止まるのが遅すぎたりするなど，より多くのリスクを負っていた。これには，スマホの使用経験の長さや一人で横断を渡った経験の有無などとは関係がなかった。道路を横断するのは，特に子どもや高齢者にとっては複雑な認知プロセスだ。安全に渡るためには，向かってくる車との距離だけでなく，その速度や減速・加速の可能性を判断しなければならない。そのため，脳障害や視力低下などで車の動きをうまくできない人は，安全に道路を渡ることが非常に難しい。お年寄りが道路を渡るのを手伝うことが究極の善行と言われるのには，それなりの理由があるのだ。

また，イヤホンの使用も大きなリスクを伴う。というのも，交通量が多い通りを歩くには五感をフルに活用する必要があるからだ。たとえば，車の速度や減速・加速は聴覚で判断しているが，イヤホンをしているとその情報が入ってこず，必要な聴覚情報と視覚情報の組み合わせが半分失われる。私たちの脳は，音と映像を組み合わせてどの音がどの映像に対応しているのかを把握している。これを「多感覚統合」という。

多感覚統合が重要なのは，「統合された信号」に対する反応のほうが，「同時に入ってきても統合されていない信号」に対する反応よりもはるかに速いからである。これには，古代ギリシアの哲学者・アリストテレスの言う「全体は部分の総和に勝る」という考えがまさに当てはまる。イヤホンやヘッドセットをつけて歩いたり自転車に乗ったりすると，この多感覚統合システム全体が失われてしまう。アメリカの交通事故に関する報告書によると，2004年から2011年の間に，イヤホンを使用していた歩行者による事故が116件（そのうち70％が死亡事故）も発生している。もし，多感覚統合システムが本来の役割を果たしていれば，これらの事故は防げたに違いない。

ニューロマーケティングはナンセンス

運転中のスマホ使用を制限するために，さまざまな製品が発売されている。オランダでは2017年に電話会社のKPN社が，安全当局と鍵の専門業者Axaと共同して，自転車走行中はスマホのアプリを使えないようにする自転車の鍵を発表した。この通称「Safe Lock」は，自転車の鍵を解除すると，それがインターネットへのアクセスをブロックするアプリに接続し，ユーザーがアクセスできるサービスを緊急連絡先に限定する。この小売価格は約100ユーロである。

この章で紹介した例を見れば，上記のような製品が非常に優れたアイデアであることは明らかだ。しかし，この鍵を発売する際に，製品の有用性を証明すると称する研究について，あまりにも大げさなプレスリリースが行われたのは残念だった。KPN社はニューロマーケティング*を売りにする会社に依頼して，製品の有用性を裏づける脳の画像を集めてきたのだ。「ニューロマーケティング」という言葉を聞くと，私はいつもぞっとして身の毛がよだつ。

KPN社はおそらくこの研究に大金を支払ったのだろうが，その研究は非常にレベルが低く，私の学生が同じような論文を出してきたら，迷わず門前払いするほどのものだ。この研究は，12歳から18歳までの若者を対象に，コンピュータで簡単な作業をしているときの脳波をモニターしたものである。脳波は，額に貼った電極から脳内の電気信号を記録する方法で計測された。タスク遂行中，実験参加者は「Snapchat」「Instagram」「WhatsApp」からのメッセージ着信の通知を断続的に受けていた。この研究は，自転車走行中にスマホでメッセージを受信すると，安全が脅かされる可能性があると結論づけている。新しい鍵のプレスリリースには「自転車走行中にスマホを使用すると，サイクリストの注意が散漫になるだけでなく，通知に伴う音や振動でも，交通への注意のレベルが低下することが研究で明らかになっています」と記載されている。

この研究には，重大な問題がたくさんある。第一に，注意が逸れる程度を測定するのに脳のスキャン画像を使う必要はない。その人の行動を調査しさえすればよいのだ。研究者たちは「メッセージを伝えるためには，購買者の想像力に訴える必要がある」と述べてこの選択を擁護した。このニューロマーケティングの会社によると，最近は脳科学に興味をもつ人が増えているため，具体的なアンケート項目に答えてもらうよりも，いっそ脳のスキャン画像を見せたほうが効果があるという。確かに，脳のスキャン画像を見れば新着メッセージ通知に脳が反応することはわかった。でも，そこに何か新しいことがあるのだろうか。もちろんあるわけがない。どんな音を聞いても脳はその音を必ず処理するので，脳が反応したからといって，べつに何の不思議もない。重要なのは，脳の活動が実験参加者の行動にどのような影響を与えているかを検証することだ。そのためには，実験参加者の行動を調査するしかない。

第二に，記録された行動の違いが，統計的に信頼できるものではなかった。通知が実際に実験参加者の気を逸らしたという証拠はない。ニューロマーケティングの会社が使用したタスクを見れば，この結果も不思議ではない。それは実験参加者が居眠りしてしまうほど簡単なタスクだったので，実験参加者は通知音ではっと目を覚まし，単に反応しただけだったのだ。

何にせよ，上記のような鍵は確かに悪いアイデアではない。しかし，この章で取り上げた事故を見てみると，危険なのは通知そのものではなく，スマホの使い方にあることがわかる。外を歩いていたり，自転車で移動していたりすると，人が呼び合う声や玄関のドアを閉める音，自分の電話がピッとなったりする音など，いろんな音が聞こえてくる。そんなときでも，周囲の状況や交通状況に注意を向けることはできる。スマホで通知を受けることの危険性は，メッセージそのものにあるのではなく，どう反応するかにある。すぐにスマホを取り出したいという誘惑に打ち勝つことができれば問題はない。しかし実際には，多くの人がその誘惑に流されてしまうために，今のような問題になっているのだ。ただただ，メッセージに何が書かれているのか知りたくてたまらなくなる。新しい情報に飢えていて，メッセージの中身が知りたくてたまらず，通知を受けるとすぐにスマホを手にとり，メッセージを読み，すぐに返信を送ってしまうことはよくあることだ。そこに危険が潜んでいる。目の前の道に注意が向かなくなってしまうのだ。この結論に至るのに，莫大なお金をかけて研究をする必要はないということはおわかりだろう。

＊ 脳科学の知識を応用したマーケティング手法。人間の潜在意識を数値化して，商品開発や広告宣伝などに活用する。

解決策

通行中のスマホ使用の危険性を道路利用者に認識してもらうことを目的とした公共キャンペーンは数多くあるが，どれもあまり効果的ではないようだ。最近オランダで行われた政府のキャンペーン「Bike Mode」（自転車走行中はオフラインにしよう）も，ほとんど効果がなかった。たいていのアプリではロックをかける時間を設定でき，オンとオフを切り替える時間をユーザーが自分で決められるようにしている。また，最近オランダのある企業が，運転に集中できるようにと，スマホを入れる六角形の金属製の箱を発明した。この箱は，裏張りに電磁波を遮断する素材が使われていて，最大6台のスマホを収納することができるので，会議を邪魔されたくないときにも使える。現在は，AndroidにもiPhoneにも移動中の車内では特定の機能をオフにするモードを備えた機種がある。

しかし，このような革新的な技術はまだ普及していないため，そろそろ各国の政府が運転中のスマホ使用を規制する必要があるだろう。2016年，オランダ政府は，自転車にもハンズフリーシステムのようなものを導入する案を提出した。これは，自転車走行中は，実際に手に持っていないときに限りスマホを使用できるというものであるが，イヤホンを使用しなければならない。そのほかにも，車内でのスマホの使用を全面的に禁止したり，運転モードを義務化したりする案もあった。

しかし，これらの案は実現しなかった。特に車の場合，これらの対策を現場で実施することはほとんど不可能だと当局が考えたからだ。現在，多くのドライバーがスマホをカーナビとして使っているため，ドライバーが目的地の住所を入力しているのか，それともメッセージを送信しているのかを見分けるのはほぼ不可能だ。そして，その集中力にも大きな違いがある。どちらの場合もドライバーの目は一瞬道路から離れるが，ルートを確認しているときよりも，メッセージを送っているときのほうがはるかに危険な状況になる。カーナビアプリの場合は，予期せぬメッセージや通知を表示することはない。また，次に画面に何が表示されるか予測できるため，画面を見るタイミングや意識を集中させる時間を自分で決めることができる。

しかし，これがSNSの利用となると大きく違ってくる。FacebookやWhatsAppのようなアプリは，ユーザーの注目を集め，それをできるだけ長く維持させるように設計されている。実際，それが彼らのビジネスモデルの定義といっても過言ではない。たとえば，ニュースフィードでは，ユーザーの興味に合わせたメッセージが絶え間なく流れ続ける。こういったアプリは使えば使うほど，ユーザーの好みを分析し，あの手この手でますますユーザーの注意を引く方法を開発するのだ。

テキストメッセージ（ショートメールなど）の場合，できるだけ早く反応しなければならないという社会的なプレッシャーもある。カーナビアプリを使っているときは，発言が間違って解釈されてしまうかもしれないと気にする必要はないし，口論になることもなく，次のメッセージをイライラして待つこともない。つまり，メッセージのやり取りとは真逆なのだ。メッセージでは，文字の意味によく注意する必要があるだけでなく，返信を期待して画面をちらちら見てしまうので道路から目を離すことが多くなり，その時間も長くなる。車内でのスマホの使用について有意義な議論をしたいのであれば，まず事実を整理する必要がある。運転中，膝の上に落ちたサンドイッチのパンくずを払い落とすのに気が散るのか，あるいはスマホでメッセージのやりとりに夢中になっているのかでは，大きな違いがある。もしかすると，運転中にSNSを利用しているドライバーを捕まえる技術が登場するのを待つしかないのかもしれない。

もちろん，こうした問題を解決するために責任を政府に押しつければよいというものではない。道路利用者にも，皆の安全を確保するための役割がある。しかし，私たちは自分の運転技術を過大評価する傾向があるため，その役割がどんなものなのかを定義するのは難しい。前述の研究で，酔っぱらったドライバーとスマホで通話しているドライバーを比較したが，ドライバーは試験後に「スマホを使っているからといって，使っていないときよりも運転が難しいとは思わなかった」と述べている。しかし，実際の結果は違っていた。スマホで通話しているときは，道路に全神経を集中させているときに比べて，明らかに運転ミスが多かったのだ。私たちの多くは，運転中にスマホを使用するのはそれほど問題ではないと思いたいようだが，それは真実からかけ離れている。交通安全のためには，道路に集中することが絶対的に重要であることを，私たちは認識すべきなのだ。

体力をつけること，十分な睡眠をとること，適切なタイミングで休憩をとることなどを，これまでの章で述べてきた。職場や講義室での集中力を高める方法は，運転中の集中力を高めるためにも有効だ。私たちの生活には集中力を必要とする場面が多々ある。集中力が重要ではない職業や状況もたくさんあるかもしれないが，私たちは皆，何らかの形で公道を利用している。集中力を高めることは，私たち一人ひとりにとって重要な課題なのである。

第6章　私たちの脳のこれから

2017年に大流行した「ハンドスピナー」を覚えている人はいるだろうか？どの学校でも校庭に一つや二つハンドスピナーが落ちていたものだ。ピーク時には，どこのおもちゃ屋に行ってもいつも売り切れていて，見つけるのに苦労したのを覚えている。しかし，2018年には登場したときと同じくらいの速さで忘れ去られてしまい，ブームはあっという間に終わった。今となっては思い出せる人はほとんどいないだろう。「ハンドスピナーってなんだったっけ？」と思った人のために，ここで説明しておこう。ハンドスピナーは，中央の軸受けの周りに二つまたは三つの突起がある小さなおもちゃで，親指と人差し指の間に挟んで突起を弾いて回転させる。流行っていた1年間，子どもたちは新しい技を考案したり，回転しているスピナーをじっと見つめたりして楽しんでいた。

ハンドスピナーができた経緯自体は，少々変わってはいるが素晴らしいものだ。メディアによると，発明者はアメリカのキャサリン・ヘッティンガーという女性エンジニアで，過度に活発な自身の娘の集中力を高めるために，1993年にハンドスピナーを思いついた。しかし，資金不足のため特許申請料の支払いができず，出願していた特許申請は2005年に失効させてしまったという。ハンドスピナーが大流行したあと，彼女はマスコミから「自分の発明が商業的に大流行したことをどう感じているのか」という質問を受けた。しかし，ブルームバーグ・ニュースとのインタビューで，キャサリンは「誰もが知っているあのハンドスピナーは，自分がつくったプラスチック製のおもちゃとは似ても似つかないもので，実際にはまったく異なるメカニズムを使用している」と明らかにした。その後報道は途絶え，2017年の数カ月間，何百万人もの子どもたちを夢中にさせたこのおもちゃを，誰が発明したのかわからなくなってしまった。さらに，このおもちゃについてそれまで特許が出願されていないことから，結局今でも誰が考案したのか特定できないままだ。

やがてこのブームは大人の手に負えなくなり，一部の学校では教室内でハンドスピナーを使うのを禁止するようになった。2017年5月には，アメリカの大規模の公立・私立の高校200校のうち32％がハンドスピナーの使用を禁止した。ハンドスピナーのせいで子どもたちが注意散漫になり，小学生に至っては授業中のほとんどの時間をハンドスピナーで遊んでいるといわれるようになった。しかし，メーカーは「一部の子どもには効果がある」と主張し，パッケージにはたびたび「ハンドスピナーはADHDの子どもの集中力を高める」というキャッチフレーズが書かれていた。また，自閉症や不安障害の子どもたちにも効果があると謳っているものさえあった。ハンドスピナーのおかげで子どもたちの状態が大幅に改善された，という親たちも大勢いた。しかし，科学界からは「ハンドスピナーの効果を示す証拠はどこにもない」と即座に否定されてしまった。親たちの前向きなコメントや体験談は，すべてナンセンスだと一蹴されてしまったのだ。

もちろん，メーカーはパッケージに記載する内容に注意を払わなくてはならないし，ADHDの子どもに対する製品の効果について科学的根拠のない主張をしてはならない。しかし，ある製品に関連する前向きなコメントをすべて頭ごなしに否定するのは少々行きすぎではないだろうか。科学の発展はゆっくりと進んでいくものであり，ハンドスピナーのブームは，科学雑誌に決定的な研究結果を発表することはおろか，きちんとした研究ができるほど長くは続かなったため，スピナーの使用が集中力にプラスの効果があるかどうかはわかりようがない。わかっているのは，このおもちゃに否定的な報道には，激しい批判が寄せられたことだ。アメリカのオンラインマガジン「Vice」が「ハンドスピナーでADHDや自閉症，不安症を治療できるというナンセンスな主張を検証しよう」という見出しで記事を掲載したときには，膨大な数の苦情が寄せられた。そのため，同社はすぐに「ハンドスピナーはADHD，自閉症，不安症の治療法として販売されている」と見出しを変更した。Vice社は，このおもちゃを使うことで自分の子どもが大きな恩恵を受けたと主張する親たちの怒りの反応を受け，以前の見出しを使ったことを謝罪した。

では，なぜ集中力のない子どもたちにとってハンドスピナーはそれほどにも魅力的だったのだろうか。もちろん集中力の程度は人それぞれだが，これには運動神経の活動レベルの違いが関係している。じっと座っているのが苦手な人もいるということだ。教室にいると，机に向かってじっと座っている子もいれば絶えず動いている子もいて，その違いはすぐにわかる。ADHDの人は，運動神経を抑制することができないためにじっとしていられず，一つのことに集中できないのだ。

ハンドスピナーで遊ぶと，過度に活発な子どもたちの運動システムが要求する，文字通り「動き続ける」という欲求を満たすことになる。また，それが教師の話を聞く能力を妨げることもない。むしろ，じっとしていなければならないとなると，運動機能を抑えることに全力を注がざるを得ないため，さらにエネルギーが必要となり，ますます人の話が聞けなくなる。ADHDの子どもに授業中にじっとしているように命令するのは，決してよいことではないのだ。さまざまな研究によると，ADHDの子どもたちは，ワーキングメモリを使う作業をしているときに好きなように動いてもよいことにすると，パフォーマンスがかなり向上することがわかっている。動いているだけで，常に注意を喚起し続けられるのだ。過度に活発な子どもがバランスボールに座ると，集中力が高まることは想像に難くない。ただし，これは動き回る子に限った話で，静かな子はあまり動き回ると逆に集中力が低下する。

ADHDのような障害は若いほうが診断しやすいため，こうした研究の多くは子どもを対象に行われていることを指摘しておきたい。大人のADHDの人たちは，自分の問題を自身で補うことをすでに学んでいることが多い。しかし，これらの研究の結果は，大人にも適用できる可能性が大いにある。

高感受性（High Sensitivity・HS）

2017年9月，フルール・ヴァン・グローニンゲンが書いた本が，ベルギーのベストセラー書籍リストのトップ10に2週間にわたってランクインした。その本のなかでヴァン・グローニンゲンは，HSP（Highly Sensitive Person／非常に敏感な人）としての経験を述べており，多くの読者が彼女の話に共感した。この本で彼女は，自分がどのようにして毎日，外部から受ける刺激を最小限に抑えようとしているか，また，どのようにして自分の感情に対処しているかを詳細に述べている。また，高感受性と，欧米社会における「燃え尽き症候群やうつ病の氾濫」との関連性に言及している。現代社会では膨大な量の刺激によって，非常に敏感な人たちが慢性的に過度の刺激を受けており，HSPを自認する人の多くが，集中することができない問題を訴えているのだ。

高感受性という用語は，1996年にエレイン・アーロンによって初めて紹介された。彼女は，自分がHSPであるかどうかを判断するための質問票を作成した。現在インターネット上には，自分がHSPであるかどうかを確認するための自己診断テストがたくさんある。しかし，これらのテストの問題点は，質問があまりにも曖昧なため，人口の15～20％の人がHSPだという結果が出ても不思議ではないことだ。多くのテストは子ども用に特別につくられており，子どもがよく眠れているか，トイレに行くのに問題があるか，過剰に活動的であるかなどの質問が含まれている。これらの基準に基づけば，地球上のすべての子どもにHSPのレッテルを貼ることができそうだ。

HSPの定義によると，非常に敏感な人は，感情や痛み，喜び，など身体的・精神的な刺激や感覚の影響を受けやすいとされている。また音や触覚，色など，さまざまな感覚刺激に強く反応するともいわれている。そのため，刺激の多い環境では警戒心が強くなり，内気な性格になってしまう。そして都会の喧騒を避け，できる限り引きこもろうとする。読者の皆さんはすでに気づいていると思うが，私はこの本では，さまざまな議論を徹底して科学的な実験で裏づけようとしている。しかし残念ながら，HSPに関して信頼性の高い研究はほとんど行われておらず，現在ある研究も，平均的な自己啓発本のレベルを超えるものはほとんどない。

HSPは，私たちが生きている激しい競争社会と強く結びついている。現代社会では，誰もが常に多くのことを要求されている。日々の大量の刺激に対処することは困難であるため，多くの人が抱える疲労や集中力の問題を説明するには，HSPは便利な言葉だ。最近では，HSPは人を引きつける宣伝文句のようになっていて，自称HSPのためのディスカッション・グループもたくさんある。HSPについて書かれた本の多くは，非常に敏感な人は，刺激をより深いレベルで処理することができるため，特別な才能を持っていると述べている。科学の世界では，一つひとつのことばが慎重に検討され，明確に定義されたうえで発表されるのに対し，

HSPに関する主張の多くは，科学的な根拠はまったくないのに，HSPが厳然たる事実として発表されている。もちろん，そのように主張する人たちにとっては役に立っている場合は必ずしも問題ではないが，高感受性を一種の障害とみなすようになると問題になってくる。このような場合，親は敏感な子どものために「治療」を求めることになるが，問題の原因が，実は科学的に証明された治療法がある精神医学的な問題の可能性もある。高感受性に典型的とみなされる問題の多くは，ADHDや自閉症に見られる問題と同じものである。たとえば，自閉症の最も典型的な問題の一つは，他人に触られることに過敏なことだが，これはHSPにもよく見られる。ADHDや自閉症には有効な治療法があるが，高感受性にだけ焦点を絞った治療を行う場合にはそれらの治療法は使用されない。

高感受性は，ADHDや自閉症のような精神医学的問題ではなく，外向的か内向的かというような性格的な特徴である。都会の喧騒が好きな人もいれば，静かな生活を好む人もいる。騒がしい公園で耳をふさいでいる子どももいれば，それが大好きな子どももいる。しかし，精神疾患として公式に認められていないからといって，HSPが存在しないわけではない。私たちが日常的に対処しなければならない刺激が着実に増加していることを考えると，目の前にあるすべてのものを処理することに大きな困難を感じている人が増えているのも不思議ではない。しかし，重要なのは刺激の量ではなく，その処理の仕方なのだ。私たちは日々，五感を通して多くの刺激にさらされており，そのなかから注意メカニズムが選択して処理を進めているのだが，人によって注意システムの効率のよさには違いがある。科学的に検証されたHSPに関するいくつかの研究では，高感受性の質問票のほとんどの項目に当てはまる人の場合，脳の特定の領域が感覚的な刺激に対してより強く反応することがわかっている。興味深いことに，これらの領域は，注意を司る領域でもある。この結果が，脳の活動が活発になることが問題につながるかどうかを証明するものではないが，入ってきた刺激を脳がどのように処理するかには個人差があることを示している。もし，大量の情報が悩みの種になっているのであれば，対処法を考えてみるのもよいかもしれない。私たちの脳はすべての刺激を処理することはできないため，集中力は無関係な情報を無視できるかどうかで決まる。周囲に気を散らすものがあまりにも多いと，脳は集中できなくなる。しかし，高感受性を障害や病気と決めつける必要はない。単純に考えれば，脳のある部分が別の部分よりも影響を受けやすいというだけの話である。

集中力は進化する

ハンドスピナーの話を見れば，人によって集中力に差があることがわかる。特に気が散ることが多い現代社会では，集中力に問題がある人は集中力を高めるために何らかの手立てが必要なことがわかるだろう。私は最近，オランダの新聞に掲載されていたシカゴ大学の心理学者マイケル・ピエトラスの記事を興味深く読んだ。そのなかで彼は，スマホやSNSの登場のせいで，まるでADHDのような行動をとる人が増えていると述べている。彼は，私たち全員がADHDだといっているのではなく，私たちの行動がADHDの人たちと非常に似てきていると言っているのだ。少し大げさに聞こえるかもしれないが，現代人が大好きなマルチタスクは，一つの作業に集中する能力に深刻な影響を与えているといえるだろう。

しかし，ADHDの増加は，現代社会における刺激の増加と本当に関係があるのだろうか。過去数十年の間にADHDに関する事例件数は急増しており，それに伴って，かつてないほど刺激の増加とADHDとの相関関係が指摘されている。この相関関係は，スマホよりも歴史が長く，刺激的なメディアであるテレビに関する研究によって裏づけられることが多い。人間の成長に及ぼすテレビの影響に関する科学論文は，今の子どもたちが幼い頃から触れているSNSに関する研究を集めたものよりも，はるかに多い。

テレビの歴史は非常に興味深い。すでに説明したように，テレビが登場した当初はチャンネル数も限られていたし，すぐに次のチャンネルに切り替えられるリモコンもなかった。この頃の特徴は，作家のティム・ウーが最初に使った言葉「ピークアテンション（注目のピーク）」という不思議な現象だ。ウーによれば，そのピークは1956年9月9日エルビス・プレスリーが「エド・サリバン・ショー」に出演したときだという。アメリカでは人口の約83％がこの瞬間にプレスリーを注視していた（つまり，10人中8人が同じ時刻に同じことをしていた）。

1960年代のアメリカのテレビ番組には，6,000万人以上の視聴者を集めたものもあり，それは現在の広告主が夜な夜な夢見ている数字である。しかしその夢も，リモコンの登場と民放放送局の台頭によって長くは続かなかった。視聴者が一瞬でも飽きたら，すぐに次のチャンネルに移れるようになった。その結果テレビ番組は，視聴者がチャンネルを切り替えようと思う暇もないほどのスピード感をもつようになった。すべてが猛烈なスピードで進行しなければならないため，編集も速くなり，配置されるカメラも多くなっていった。今子ども向けのテレビ番組を見ると，信じられないほど大量の音と映像が子どもたちに向かって押し寄せてくる。私が子どもの頃に見ていたテレビ番組を見せると，子どもたちはすぐにスイッチを切ってしまう。「遅すぎる」と言うのだ。まあ私も，こんなにのろのろ進む番組を一体誰が見ていたのだろうと，不思議に思うのだが。

多くの親は，最近のテレビで子どもたちに雪崩のように押し寄せてくる映像が，子どもたちの脳の発達に悪影響を及ぼすのではないかと心配している。子どもがテレビを見る時間とその影響に関する研究結果を見ると，その心配ももっともだ。シアトルにあるワシントン大学の研究者たちが行ったある研究では，1歳の子どもの親1,278人と3歳の子どもの親1,345人に，子どものテレビ視聴行動についてインタビューした。最も動きが激しいグループの子どもたちは，1日平均2時間テレビを見ていた。その後，この子どもたちが7歳になったときに，再び多動性のテストを行った。その結果，幼い頃にどれだけテレビを見ていたかということと，数年後に起こる注意の問題には強い関連性があることがわかった。

また，同様の研究で，テレビと読解力障害との関連性も明らかになっている。これらの研究の問題点が，単なる相関関係にすぎないことはもうおわかりだろう。子どもたちの多動性の原因がテレビを見たからだとする根拠はどこにもない。多動傾向のある子どもがテレビをよく見るのは，ほかの活動に集中できないからかもしれない。このことは研究で明確に示されているにもかかわらず，メディアは多動とテレビ視聴の因果関係を示したいがために，その研究結果を完全に無視してしまうことが多い。確かに興味深い仮説ではあるかもしれないが，それ以上でもそれ以下でもない。

幸いなことに進化はゆっくりと進むため，脳の構造が急激に変化して，長時間集中することがまったくできない子どもたちが，ある日突然生まれてくることはないだろう。脳がもつ潜在能力は変わらないが，刺激が増えたことで周囲の環境は常に変化している。結局のところ集中力は筋肉と同じで，鍛えないとその強さを維持できない。鍛えれば鍛えるほど集中力は高まる。しかし，いくらトレーニングをしても，誰もが同じように筋力がつくわけではない。単純に，集中力を高める能力が高い人と低い人がいて，それは刺激の数を増やし続けても変わらない。しかし，確実に変わったのは，集中力を高めるために必要なエネルギーの量である。刺激が多ければ多いほど，またマルチタスクを好む人ほど，集中力を維持するためにより多くの努力が必要になる。そのためには，集中力を維持する筋肉をできるだけ鍛え，それと同時に必要なエネルギーを最小限に抑えることが大切なのだ。

未来への希望

最近，シリコンバレーの大手テクノロジー企業の元従業員が，我々の社会の行く末についての悲惨な話を世界と共有したくてうずうずしている。こういった良心の呵責に苛まれているように見える経営幹部たち全員が，これまでハイテク業界で大金を稼いできたにもかかわらず，今になって自分たちが実現に貢献したイノベーションを振り返って後悔している（ふりをしている？）。たとえば，Googleの元社員であるジェームズ・ウィリアムズは「現代人は今，重大局面に立たされている。私たちはスマホをどこへでも持ち歩き，しょっちゅうSNSを気にしているが，それが重くのしかかり，幸せや成功のチャンスが奪われている」と語っている。このような悲観論を振りかざす商人たちが，今度は自分たちが開発したSNSから私たちを「守る」製品開発を目的とした新事業の立役者となったり，これから起こるであろう大惨事について講演を頻繁に行うことなどで大金を稼いでいるのだ。

この本では，集中力にまつわるいくつかの神話を払拭しようとした。私たちは金魚よりも注意の持続時間が短いわけではないし（68ページ参照），マルチタスクが好きだからといってIQが下がるわけでもない（53ページ参照）。このことを書き終えたまさにその日，私はマサチューセッツ工科大学のアラン・ライトマン教授のインタビュー記事を読んでいた。そのインタビューで彼は，1990年代以降私たちの創造力が著しく低下しているのは，何もしないでいる時間が少なすぎるからだと主張していた。そして，この種の誇張された話によく見られるように，その被害は喫煙の有害性にまで及んでいる。

私たちの社会に関する重要な問題が，このようなあまりにも安直で恐怖を煽りたてる言葉で語られるのは本当に残念なことだ。未来への悲観的なシナリオを何の根拠もなく描くのは安易すぎる。Googleのせいでみんな頭がどんどん悪くなっているとか，スマホのせいで創造力がなくなっているとか，そういった証拠はどこにもない。創造性は複雑すぎて，一つのテストで測るのは不可能だ。ましてや創造性を発揮する方法は無数にあり，その機会は今や失われているどころかどんどん増えている。創造性は，独創的なコンピュータコードやモダンアート，新しいデジタルアプリなどさまざまな形で表現できる。こう考えると，創造性を測る標準的な方法（トーランステスト*・創造性テスト）は今や絶望的に時代遅れであるといえる。科学技術の分野では日々新しい発見がされているが，そのせいで集中力や創造性が失われているということはない。しかし，技術の進歩によって人間が潜在能力を十分に発揮できなくなったり，交通事故のような危険な状況を招いたりする可能性があることは覚えておくべきだ。幸いなことに，近年の科学進歩によって私たちは集中力に関して多くのことを学び，集中して効率的かつ創造的に仕事をするために必要な方法も知っている。できれば自然に囲まれた場所で休憩をとるとよいことや，集中力を高めるトレーニングや瞑想，適切なタイミングでタスクを切り替えることなどが，よい効果をもたらすことがわかってきた。また，マルチタスクをこなしたり，気が散るものに囲まれたりすると，集中力が低下することもわかっている。

しかしどの方法を選んでも，それで自動的に集中力が高まるわけではない。なぜなら，集中力はほかの多くの要素も関係しているからだ。集中力には個人差があるし，集中できる時間はタスクの内容にもよる。また集中力の持続時間は体力や疲労度などにも左右される。それゆえ，集中力を高めるために決まったトレーニングプログラムを紹介する自己啓発本には効果がない。集中できる能力は人それぞれであり，自分に合った方法を見つけるのが一番よいのだ。

集中力を高めるために，私たち個人ができることもあれば，政府ができることもある。公道でのLED広告（特にアニメーション）の使用を禁止すれば交通安全につながるし，運転中のSNSの使用を禁止することもできる。学校内では広告を掲示しない今の状態を維持し，教室内でのスマホの使用に関して明確な取り決めをする必要がある。また，集中力の大切さを学校でも教える必要がある。集中力がどのように機能するのか，SNSがどのように私

---

* アイデアの種類や多様性，独創性などを測るテスト。「トーランス」という名称は，開発者であるEllis Paul Torranceの名前に由来する。

たちの注意を奪おうとするのかを知っていれば，自らの注意を自分でコントロールできるようになる。子どもたちも，SNSの依存性やスマホが注意に及ぼす影響について教わるべきだ。私たちは脳と行動について知れば知るほど，人間としての機能を理解することができるからだ。

集中力がどれほど貴重なものであるか，常に意識することが重要だ。もちろん，いつの日かみんながSNSに背を向け，意味のない「いいね！」に注意を払う必要がなくなる日がくる可能性もゼロではない。一方で，私たちは最終的に自分の注意を思いのままに操れる存在であり，自分が望めば，注意をめぐって繰り広げられている熾烈な競争から抜け出すことができるというのは，心強く素晴らしい考えだ。実際，ボタンを押すだけで，シリコンバレーの強大なコンピュータを打ち負かすことができる。そう，スマホの電源を切りさえすればよいのだ。

謝辞

2016年に最初の本『*How Attention Works*』のオランダ語版を出版したあと，繰り返し聞かれた質問の一つが，「いつ次の本を書き始めるのか」ということだった。2冊目の本を書くことははっきりと決めてはいなかった。というのも，自分が何について書きたいのかよくわからなかったからだ。しかし，1冊目の本をきっかけに多くの人と出会ったり会話をしたりしているうちに，「注意」は，当初考えていたよりもはるかに幅広いテーマであることがわかってきた。出会った人のなかには，保険担当者，橋梁工事業者，教師，交通心理学者，企業関係者などがいた。彼らと話すなかで「注意」は多くの人々の生活において大きな問題となっていることがわかってきた。みんな「気が散って仕方がないこの時代に，集中力を保つためにはどうすればいいのか」と考えているのだ。この本に書かれていることの多くは，さまざまな人との出会いや会話で得た気づきがもとになっている。この本の骨子となった知恵やアイデアを提供してくれたすべての人に感謝している。

もし1作目の執筆過程をあれほど楽しむことができなければ，2作目に着手することなど考えもしなかっただろう。この点については，サンダー・ルイズ，リディア・ブストラ，エブリン・パブルウェをはじめとするメイヴン出版のスタッフに特に感謝している。この本が世に出たのは，すべてエマ・パント，マリスカ・ハイメン，ジュリエット・ヨンカースのおかげである。エマ，この本のメッセージを正しく伝えるためブレインストーミングをしてくれてありがとう。

また，マーク・ニューウェンシュタイン，セルジュ・デュムラン，クリス・パフィン，レオン・ケイネマンス，ヘリーン・スラグター，エドウェン・ダルマイヤー。彼らは，普通なら見過ごされてしまうような間違いを発見してくれたが，気づかずに紛れ込んでしまった誤りについては，私がすべての責任を負う。

ユトレヒト大学のAttentionLab（アテンション・ラボ）の皆さんには，過去数年間，素晴らしい職場の雰囲気と刺激的な科学的発見を共有できたことに感謝している。本を執筆し，出版するのは大変なことだという人もいるが，私にとっての仕事の醍醐味とスリルは，やはり実験のなかにある。信頼してサポートしてくださった社会行動科学部の皆さんには，心から感謝している。ユトレヒト大学の実験心理学部は恵まれている職場だ。私は若手研究会の一員であることを誇りに思っている。ターニャ・ニーボアはインスピレーションを与えてくれる，ときに陽気な素晴らしい同僚である。

いつも応援してくれた両親や家族，友人たちの協力と助言にも心から感謝している。ジャニー，変わらぬ愛をもって私が冒険に挑む自由を与えてくれてありがとう。そして最後に，ジャスパーとメリル，二人のおかげで本当に重要なことに集中することができた。心から感謝している。

参考文献

プロローグ

歴史上の情報過多への危機感

Wellmon, C. (2012). Why Google isn't making us stupid ... or smart.（なぜGoogleは私たちを愚かにも賢くもしないのか）
http://www.iasc-culture.org/THR/THR_article_2012_Spring_Wellmon.php.

アテンションエコノミー

Crawford, M. (2015).『*The world beyond your head: How to flourish in an age of distraction.*（あなたの先にある世界。気が散る時代に活躍する方法）』New York, Farrar, Straus, and Giroux.

商業用公共広告の歴史と最初の商業新聞・ラジオ局の誕生

Wu, T. (2016).『*The attention merchants: From the daily newspaper to social media, how our time and attention is harvested and sold.*（「注目」の商人たち。毎日の新聞からSNSまで―私たちの時間と注意はどのように刈りとられ，販売されているのか）』New York: Alfred A. Knopf.

ストリーミングサービスは音楽をどう変えるのか

Kraak, H. (2017, 19 November). Hoe streamingdiensten als Spotify de muziek veranderen [How streaming services like Spotify are changing music].（Spotifyのようなストリーミングサービスが音楽をどう変えるか）『*de Volkskrant*（デ・フォルクスクラント）紙』
https://www.volkskrant.nl/cultuur-media/hoe-streamingdiensten-als-spotify -de-muziek-veranderen~b10594f9/.

一輪車に乗ったピエロを見つけられないこと

Hyman, I. E., Boss, S. M., Wise, B. M., McKenzie, K. E., & Caggiano, J. M. (2010). Did you see the unicycling clown? Inattentional blindness while walking and talking on a cell phone.（一輪車に乗っているピエロを見ましたか？　歩きながら携帯電話で話しているときの不注意な盲目状態）『*Applied Cognitive Psychology*（応用認知心理学）』24, P597-P607.

他分野及び実験的研究に見られる携帯電話の歩行行動への影響

Hatfield, J., & Murphy S. (2007). The effects of mobile phone use on pedestrian crossing behavior at signalized and unsignalized intersections.（信号のある交差点とない交差点での歩行者の横断行動に対する携帯電話の使用の影響）『*Accident Analysis and Prevention*（事故の分析と予防）』39(1), P197-P205.

Nasar, J., Hecht, P., & Wener, R. (2008). Mobile phones, distracted attention, and pedestrian safety.（携帯電話，注意散漫，歩行者の安全性）『*Accident Analysis and Prevention*（事故の分析と予防）』40(1), P69-P75

歩行者が関わる事故の原因

Nasar, J., & Troyer, D. (2013). Pedestrian injuries due to mobile phone use in public places.（公共の場での携帯電話使用による歩行者の怪我について）『*Accident Analysis and Prevention*（事故の分析と予防）』57(1), P91-P95.

ワトソンのマニフェスト

Watson, J. B. (1913). Psychology as the behaviorist views it.（行動主義者の考える心理学）『*Psychological Review*（心理学レビュー）』20(2), P158-P177.

パブロフと条件づけ

パブロフ, I. P. (1927). Conditioned reflexes（条件反射）『*Oxford, England*（オックスフォード，イングランド）』Oxford University Press.

自由意志と行動主義

Ferster, C. B., & Skinner, B. F. (1957).『*Schedules of reinforcement*（強化のスケジュール）』Upper Saddle River, NJ: Prentice-Hall.

中毒とラット

Wise, R. A. (2002). Brain reward circuitry: Insights from unsensed incentives.（脳の報酬回路：無意識の動機づけからの洞察）『*Neuron*（ニューロン）』36(2), 229-340.

条件づけされた犬のような人間と携帯電話

Stafford, T. (2006, September 19). Why email is addictive (and what to do about it).（なぜ電子メールは中毒性があるのか—その対処法）『*Mind Hacks*（マインド・ハックス）』https://mindhacks.com/2006/09/19/why-email-is-addictive-and-what-to-do-about-it/

メールをチェックしたいという焦燥感

Levitin, D. J. (2014).『*The organized mind: The organized mind: Thinking straight in the age of information overload.*（オーガナイズド・マインド：情報過多の時代に理路整然と考えるために）』New York, NY: Plume/Penguin Books.

医療分野における注意の重要性

Klaver, K., & Baart, A. (2011). Attentive care in a hospital: Towards an empirical ethics of care.(病院におけるきめ細やかなケアとは。実証的なケアの倫理に向けて)『*Medische Antropologie*（医療人類学）』23(2), 309-324.

Johansson, P., Oléni, M., & Fridlund, B. (2002). Patient satisfaction with nursing care in the context of health care: A literature study.（研究論文：医療現場における介護に対する患者の満足度）『*Scandinavian Journal of Caring Sciences*（スカンジナビアン・ジャーナル・オブ・

ケアリング・サイエンス）』16(4), 337-344.

Radwin, L. (2000). Oncology patients' perceptions of quality nursing care.（良質な介護に対するがん患者の認識）『*Research in Nursing & Health*（看護と健康の研究）』23(3), 179-190.

医療従事者は本質的な形態のケアのみに焦点を当てるべきか

van Jaarsveld, M. (2011, 21 June). Health care is a government task, not giving attention.（注意を払うことではなく，本来のケアのみが政府の仕事）『*Trouw*.（日刊新聞トラウ・オンライン）』https://www.trouw.nl/opinie/zorg-is-overheidstaak-aandacht-geven-niet~ba6780ed.

入手可能な情報の増加について

Alleyne, R. (2011, 11 February). Welcome to the information overload-174 newspapers a day.（情報過多の時代へようこそ―1日174紙の新聞）『*Telegraph*（テレグラフ）』
https://www.telegraph.co.uk/news/science/science-news/8316534/Welcome-to-the-information-age-174-newspapers-a-day.html.

第1章　なぜ集中するのは難しいのか？

外部記憶の哲学

Clark, A., & Chalmers, D. J. (1998). The extended mind（拡張した心）『*Analysis*（分析）』58(1), P7-P19.

具現化された認知

Rowlands, M. (2010). The mind embedded.（組み込まれた心）『*The new science of the mind: From extended mind to embodied phenomenology*（新しい心の科学：拡張された心から具現化の現象学へ）』(pp. 1-23).Cambridge, MA: MIT Press.（MITプレス社）

Shapiro, L. (2011). Embodied Cognition.（認知の具現化）*New York, NY: Routledge*.（ラウトレッジ社）

物語を演じて記憶力を高める

Scott, C. L., Harris, R. J., & Rothe, A. R. (2001). Embodied cognition through improvisation improves memory for a dramatic monologue.（即興によって具現化された認知が劇的独白の記憶を改善する）『*Discourse Processes*（談話プロセス）』31(3), 293-305.

メモをとって情報を蓄積する

Mueller, P. A., & Oppenheimer, D. M. (2014). The pen is mightier than the keyboard: Advantages of longhand over laptop note taking.（ペンはキーボードより強し：ノートパソコンよりも，手書きでメモをとるメリット）『*Psychological Science*（心理科学）』25(6), 1159-1168.

感覚記憶

Sperling, G. (1960). Negative afterimage without prior positive image (肯定的な先行イメー

ジのない否定的な残像)『*Science*(サイエンス)誌』131, 1613-1614.

聴覚記憶

Sams, M., Hari, R., Rif, J., & Knuutila, J. (1993). The human auditory sensory memory trace persists about 10 sec: Neuromagnetic evidence.(神経磁気学的証拠：人間の聴覚の記憶は約10秒持続する)『*Journal of Cognitive Neuroscience*(認知神経科学ジャーナル)』5, 363-370.

前後関係が長期記憶に与える影響

Godden, D. R., & Baddeley, A. D. (1975). Context-dependent memory in two natural environments: On land and underwater.(二つの自然環境における文脈依存型の状況：陸上と水中にて)『*British Journal of Psychology*(ブリティッシュ・ジャーナル・オブ・サイコロジー)』66(3), 325-331.

ワーキングメモリ容量の個人差

Jarrold, C., & Towse, J. N. (2006). Individual differences in working memory(ワーキングメモリの個人差)『*Neuroscience*(神経科学)』139(1), 39-50.

ワーキングメモリにおける情報の繰り返しの必要性

Peterson, L. R., & Peterson, M. J. (1959). Short-term retention of individual verbal items.(個々の言語項目の短期保存)『*Journal of Experimental Psychology*(実験心理学ジャーナル)』58(3),193-198.

情報のチャンキング(レース時間など)

Ericsson, K. A., Chase, W. G., & Faloon, S. (1980). Acquisition of a memory skill.(記憶スキルの獲得)『*Science*(サイエンス)誌』208(4448), 1181-1182.

イギリスの郵便番号

Royal Mail Group (2016, June 4) Royal Mail reveals why we never forget a postcode, 57 years after its introduction.(ロイヤルメール社が明かす，郵便番号導入後57年経過しても私たちが郵便番号を忘れない理由)
https://www.royalmailgroup.com/en/press-centre/press-releases/royal-mail/royal-mail-reveals-why-we-never-forget-a-postcode-57-years-a-its-introduction/.

バドリーのワーキングメモリモデル

Baddeley, A. D., & Hitch, G. J. (1974). Working memory(ワーキングメモリ) G. H. Bower (編集)『*The Psychology of Learning and Motivation*(学習と動機づけの心理学)』47-89. New York, NY: Academic Press.(アカデミックプレス社)

Baddeley, A. D., & Hitch, G. J. (1994). Developments in the concept of working memory(ワーキングメモリの概念の発展)『*Neuropsychology*(神経心理学)』8(4), 485-493.

Baddeley, A. D. (2003).Working memory: Looking back and looking forward(ワーキングメモリ：振り返りと期待)『*Nature Reviews Neuroscience*(ネイチャー・レビュー・ニューロサ

イエンス）誌』4, 829-839.

構音抑制と音韻ループ

Baddeley, A. D., Thomson, N., & Buchanan, M. (1975). Word length and the structure of short-term memory.（単語の長さと短期記憶の構造）『*Journal of Verbal Learning and Verbal Behavior*（言語学習と言語行動ジャーナル）』14, 575-589.

心的回転

Shepard, R. N., & Metzler, J. (1971). Mental rotation of three-dimensional objects.（三次元物体の心的回転）『*Science*（サイエンス）誌』171(3972), 701-703.

スポーツ選手と音楽家の心的回転

Pietsch, S., & Jansen, P. (2012). Different mental rotation performance in students of music, sport and education.(音楽，スポーツ，教育を学ぶ学生における精神的回転のパフォーマンスの違い)『*Learning and Individual Differences*（学習と個人差）』22(1), 159-163.

身体運動が心的回転に及ぼす影響

Moreau, D., Mansy-Dannay, A., Clerc, J., & Guerrién, A. (2011). Spatial ability and motor performance: Assessing mental rotation processes in elite and novice athletes. (空間能力と運動パフォーマンス：一流選手と初心者における心的回転プロセスの評価)『*International Journal of Sport Psychology*（スポーツ心理学国際ジャーナル）』42(6), 525-547.

心的回転における男女の違い

Quinn, P. C., & Liben, L. S. (2008). A Sex Difference in Mental Rotation in Young Infants. (幼児における精神的回転の性差)『*Psychological Science*（心理科学）』19(11), 1067-1070.

視空間スケッチパッドの複雑なアイテム

Luck, S. J., & Vogel, E. K. (1997). The capacity of visual working memory for features and conjunctions. (機能と組み合わせの視覚的ワーキングメモリ容量)『*Nature*（ネイチャー）誌』390(6657), 279- 281.

脳障害とウィスコンシン・カード分類課題

Milner, B. (1963). Effect of different brain lesions on card sorting（さまざまな脳障害が及ぼすカード並べ替えへの影響）『*Archives of Neurology*（神経学アーカイブス）』9(1), 90-100.

ウィスコンシン・カード分類課題の成果に与える年齢の影響

Huizinga, M., & van der Molen, M. W. (2007). Age-group differences in set-switching and set-maintenance on the Wisconsin Card Sorting Task. (ウィスコンシン・カード分類課題におけるセット切り替えとセット保続の年齢層による違い)『*Developmental neuropsychology*（発達神経心理学）』31, 193-215.

私たちの脳内スイッチ

Corbetta, M., & Shulman, G. L. (2002). Control of goal-directed and stimulus-driven attention in the brain.（脳における目標指向性及び刺激駆動性の注意の制御）『*Nature Reviews Neuroscience*（ネイチャー・レビューズ・ニューロサイエンス）』3(3), 201-215.

学校襲撃計画の見落とされたサイン

Sandy Hook Promise (2016, December 2) Evan.（エヴァン） YouTube動画，2:28。
https://www.youtube.com/watch?v =A8syQeFtBKc

注意不足とPTSD

Vasterling, J. J., Brailey, K., Constans, J. I., & Sutker, P. B. (1998). Attention and memory dysfunction in posttraumatic stress disorder（心的外傷後ストレス障害における注意及び記憶機能障害）『*Neuropsychology*（神経心理学）』12(1), 125-133.

Honzel, N., Justus, T., & Swick, D. (2014). Posttraumatic stress disorder is associated with limited executive resources in a working memory task.（心的外傷後ストレス障害は，ワーキングメモリ課題における実行機能の限界と関連する）『*Cognitive, Affective, & Behavioral Neuroscience*（認知・感情・行動神経科学）』14(2) 792-804.

心配事を書き出す

Ramirez, G., & Beilock, S. L. (2011). Writing about testing worries boosts exam performance in the classroom（試験の悩みを書くと，成績が上がる）『*Science*（サイエンス）』331(6014),211-213.

複雑な数式を解くコスト

Ashcraft, M. H., & Kirk, E. P. (2001). The relationships among working memory, math anxiety, and performance（ワーキングメモリと数学恐怖症，及びパフォーマンスの関係）『*Journal of Experimental Psychology : General*（実験心理学ジャーナル：総合）』130(2), 224-237.

第2章　マルチタスクを行うとき，行わないとき

2017年のアカデミー賞での大失態

Pulver, A. (2017, February 27) Anatomy of an Oscars fiasco: How La La Land was mistakenly announced as best picture.（アカデミー賞授賞式での大失態を分析する：ラ・ラ・ランドはこうして間違って作品賞として発表された）『*Guardian*（ガーディアン）オンライン』
https://www.theguardian.com/film/2017/feb/27/anatomy-of-an-oscars-fiasco-how-la-la-land-was-mistakenly-announced-as-best-picture.

Youngs, I. (2017, February 27). The woman knows who's won the Oscars ... but won't tell.（誰がオスカーを受賞しているのか，彼女は知っていた。しかし，それを口にすることはなかった）『*BBC News*（BBCニュース）』http://www.bbc.com/news/entertainment-arts-38923750

O'Connell, J. (2017, February 28). Was smartphone distraction the cause of the Oscars error?（スマホの気晴らしがアカデミー賞授賞式での失態の原因？）『*Irish Times*（アイリッシュ・タイムズ）』http://www.irishtimes.com/culture/was-smartphone-distraction-the-cause-of-the-oscars-error-1.2992296.

マルチタスク時の脳内活動
Clapp, W. C., Rubens, M. T., & Gazzaley, A. (2010). Mechanisms of working memory disruption by external interferences.（外部からの干渉によるワーキングメモリ破壊のメカニズム）『*Cerebral Cortex*（セレブラル・コーテックス　大脳皮質）』20(4), 859-872.

タスク・スイッチング
Rubinstein, J. S., Meyer, D. E., & Evans, J. E. (2001). Executive control of cognitive processes in task switching.（タスク・スイッチングにおける認知プロセスの実行調節機構）『*Journal of Experimental Psychology: Human Perception and Performance*（実験心理学ジャーナル：人の知覚とパフォーマンス）』27(4), 763-797.

タスク・スイッチング選択の効果
Leroy, S. (2009). Why is it so hard to do my work? The challenge of attention residue when switching between work tasks.（自分の仕事をするのがなぜこんなに難しいのか？　タスク・スイッチングにおける前の注意の残骸）『*Organizational behavior and human decision processes*（組織行動と人間の意思決定プロセス）』109(2), 168-181.

メディアでマルチタスクを行う青少年の割合とそのほかの人口との比較
Carrier, L. M., Cheever, N. A., Rosen, L. D., Benitez, S., & Chang, J. (2009). Multitasking across generations: Multitasking choices and difficulty ratings in three generations of Americans.（アメリカ人の3世代におけるマルチタスクの選択と難易度評価）『*Computers in Human Behavior*（人間行動学におけるコンピュータ）』25, 483-489.

認知的柔軟性とメディアユーザー
Ophir, E., Nass, C., & Wagner, A. D. (2009). Cognitive control in media multitaskers.（メディアマルチタスカーの認知制御）『*Proceedings of the National Academy of Sciences*（米国科学アカデミー紀要）』106(37), 15583-15587.

マルチタスクの能力評価
Sanbonmatsu, D. M., Strayer, D. L., Medeiros-Ward, N., & Watson, J. M. (2013). Who multi-tasks and why? Multi-tasking ability, perceived multi-tasking ability, impulsivity, and sensation seeking.（誰が，なぜマルチタスクを行うのか？　マルチタスク能力，マルチタスク能力の認知，衝動性，感覚の探求）『*Plos One*（プロス・ワン）』8(1).

オフィスワーカーのタスク・スイッチング
Mark, G., Gonzales, V. M., & Harris, J. (2005). No task left behind? Examining the nature of fragmented work.（仕事は残っていない？　断片化された仕事の性質を検証する）『*Proceedings of the SIGCHI Conference on Human Factors in Computing Systems*（SIGCHI会議議事録：コンピュータシステムにおける人的要因）』(pp.321-330) New York, NY: ACM.

Wajcman, J., & Rose, E. (2011). Constant connectivity: Rethinking interruptions at work.（常時接続：仕事の中断を再考する）『*Organization Studies*（組織研究）』32(7), 941-961.

Jackson, T., Dawson, R., & Wilson, D. (2002). Case study: Evaluating the effect of E-mail interruption within the workplace.（ケーススタディ：職場におけるメールによる仕事中断の影響を評価する）『*EASE 2002: 6th International Conference on Empirical Assessment and Evaluation in Software Engineering.*（EASE 2002第6回国際会議議事録：実験的評価とソフトウェアエンジニアリング評価）』(pp.3-7) Keele,UK: Keele University.（キール大学）

職場におけるマルチタスクとタスク・スイッチングの参考文献

Gazzaley, A., & Rosen, L. D. (2016).『*The distracted mind: Ancient brains in a high-tech world.*（集中できない：ハイテク世界における昔ながらの脳）』Cambridge, MA: MIT Press.（MITプレス社）

タスク・スイッチングをしがちなワーカーの経験

Mark, G., Gudith, D., & Klocke, U. (2008). The cost of interrupted work: More speed and stress.（仕事の中断の代償：スピードアップとストレス増加）『*Proceedings of the SIGCHI conference on Human Factors in Computing Systems*（SIGCHI会議議事録：コンピュータシステムにおける人的要因）』(pp.107-110). New York, NY: ACM.

マルチタスクの学習への影響

Foerde, K., Knowlton, B. J., & Poldrack, R. A. (2006). Modulation of competing memory systems by distraction.（気晴らしで，競合するメモリシステムを調整する）『*Proceedings of the National Academy of Sciences*（全米科学アカデミー紀要）』103(31)　11778-11783.

マルチタスクのIQへの影響に関する研究

Wilson, G. (2010, January 16). Infomania experiment for Hewlett-Packard（ヒューレット・パッカード社のための「インフォマニア」実験）
http://www.drglennwilson.com/Infomania_experiment_for_HP.doc.

retrospectacle (2007, February 27). Hewlett Packard "infomania"study pure tripe, blogs not.（ヒューレット・パッカード社の「インフォマニア」研究はくだらない）『*ScienceBlogs*（サイエンスブログ）』http://scienceblogs.com/retrospectacle/2007/02/27/hewlett-packard-infomania-stud/.

学生の集中力

Rosen, L. D., Carrier, L. M., & Cheever, N. A. (2013). Facebook and texting made me do it: Media-induced task-switching while studying.（Facebookと携帯メールが私をそうさせた：メディアが誘発する勉強中のタスク・スイッチング）『*Computers in Human Behavior*（人間行動学におけるコンピュータ）』29(3), 948-958.

勉強中の注意散漫

Judd.T. (2014). Making sense of multitasking: The role of Facebook.（マルチタスクを理解す

る：Facebookの役割）『*Computers & Education*（コンピュータと教育）』70, 194-202.

Rosen, L. D., Carrier, L. M., & Cheever, N. A. (2013). Facebook and texting made me do it: Media-induced task-switching while studying.（Facebookと携帯メールが私をそうさせた：メディアが誘発する勉強中のタスク・スイッチング）『*Computers in Human Behavior*（人間行動学におけるコンピュータ）』29(3), 948-958.

Wang, Z., & Tchernev, J. M. (2012). The "myth" of media multitasking: Reciprocal dynamics of media multitasking, personal needs, and gratifications.（メディア・マルチタスクの「神話」：メディアのマルチタスクと個人的ニーズ，満足感の相互作用）『*Journal of Communication*（コミュニケーション・ジャーナル）』62(3), 493-513.

マルチタスクと学業成績の相関関係

Levine, L. E., Waite, B. M., & Bowman, L. L. (2007). Electronic media use, reading, and academic distractibility in college youth.（大学生の電子メディア使用と読書，学業における集中力低下）『*Cyberpsychology & Behavior*（サイバー心理学と行動学）』10(4), 560-566.

Clayson, D. E., & Haley, D. A. (2013). An introduction to multitasking and texting: Prevalence and impact on grades and GPA in marketing classes（マルチタスクと携帯メール入門編：マーケティングクラスの成績やGPA（成績平均点）に与える影響とその実体）『*Journal of Marketing Education*（マーケティング・ジャーナル）』35(1), 26-40.

Burak, L. (2012). Multitasking in the university classroom.（大学講義室におけるマルチタスク）『*International Journal of Scholarship of Teaching and Learning*(インターナショナル・ジャーナル・オブ・スカラシップ・オブ・ティーチング・アンド・ラーニング）』6(2), 8.

抜歯と記憶力の相関関係

(2004, October 28) Mensen zonder tanden hebben slechter geheugen.（歯のない人は記憶力が悪い）『*NU*』http://www.nu.nl/algemeen/433197/mensen-zonder-tanden-hebben-slechter-geheugen.html.

講義や学習時間中のメディア利用に関する実験的研究

Wood, E., Zivcakova, L., Gentile, K., De Pasquale, D., & Nosko, A. (2011). Examining the impact of off-task multi-tasking with technology on real-time classroom learning.（テクノロジーを使用したオフタスク，マルチタスクがリアルタイムの教室学習に与える影響に関する調査）『*Computers & Education*（コンピュータと教育）』58(1), 365-374.

Kuznekoff, J. H., & Titsworth, S. (2013). The impact of mobile phone usage on student learning.（携帯電話の使用が学生の学習に与える影響）『*Communication Education*（コミュニケーション教育）』62(3), 233-252.

Bowman, L. L., Levine, L. E., Waite, B. M., & Gendron, M. (2010). Can students really multitask? An experimental study of instant messaging while reading.（学生は本当にマルチ

タスクを行うことができるのか？　読書中のインスタントメッセージに関する実験的研究）『*Computers & Education*（コンピュータと教育）』54(4), 927-931.

オランダにおけるマルチタスク

Voorveld, H. A. M., & van der Goot, M. (2013). Age differences in media multitasking: A diary study.（メディア・マルチタスクの年齢差：日記による調査）『*Journal of Broadcasting and Electronic Media*（放送・電子メディアジャーナル）』57(3), 392-408.

仕事中に音楽を聴くこと

R2 Research B. V. (2012, September 18). Randstad: werknemers productiever door muziek [Randstad: Music makes employees more productive].（ランスタッド：音楽は社員をより生産的にする）
https://www.slideshare.net/ mennourbanus/randstad-werknemers-productiev-er-door-muziek.

Don, C. (2017, August 30). Word je productiever van muziek luisteren tijdens werk? [Does listening to music make you more productive while working?]（仕事中に音楽を聴くと生産性が上がる？）『*NRC*』https://www.nrc.nl/nieuws/2017/08/30/nooit-opereren-zonder-muziek-12746134 -a1571629

Ten Have, C. (2012, October 16). Op de werkvloer werkt Adele het best [Adele works best in the workplace]（アデルは職場で最も効果を発揮する）『*de Volkskrant*（デ・フォルクスクラント）紙』https://www.volkskrant.nl/nieuws-achtergrond/op-de-werkvloer-werkt-adele-het-best~b313d381

Haake, A. B. (2011). Individual music listening in workplace settings: An exploratory survey of offices in the UK.（職場での個人の音楽鑑賞：イギリスのオフィスを対象とした探索的調査）『*Music Science*（音楽科学）』15(1), 107-129.

驚異的なマルチタスク能力

Watson, J. M., & Strayer, D. L. (2010). Supertaskers: Profiles in extraordinary multitasking ability.（スーパータスカー：驚異的なマルチタスク能力のプロフィール）『*Psychonomic Bulletin* & Review（サイコノミック・ブレティン＆レビュー）』17(4), 479-485.

第３章　送り手の問題：注意を引きつけておくには

スピードスケートのスタート手順

Dalmaijer, E. S., Nijenhuis, B., & Van der Stigchel, S. (2015). Life is unfair, and so are racing sports: Some athletes can randomly benefit from alerting effects due to inconsistent starting procedures.（人生は不公平であり，競技スポーツも同様だ。一部のアスリートは，一貫性のないスタート手順により，無作為にアラート効果の恩恵を受けることがある）
『*Frontiers in Psychology*（心理学の最前線）』6, 1618.

ケーテル橋での事故

(2008, October 22). Brugwachter Ketelbrug vrijuit na bizar ongeval [Ketelbrug bridgekeeper free after a bizarre incident]（稀有な事件を起こしたケーテル橋梁開閉係員を解放）『*Het Parool*（ヘト・パロール）紙』https://www.parool.nl/binnenland/brugwachter-ketelbrug-vrijuit-na-bizar-ongeval~a38518/.

ANP (2011, April 29). OM vervolgt wachter Ketelbrug tóch [Public Prosecution Service continues prosecution of Ketelbrug bridgekeeper].（検察庁はケーテル橋梁開閉係員の起訴を継続）『*De Volkskrant*（デ・フォルクスクラント）紙』https://www.volkskrant.nl/nieuws-achtergrond/om-vervolgt-wachter-ketelbrug-toch ~beb07f9c/.

(2008, March 25). Rechtbank wil reconstructive ongeval Ketelbrug [Court wants Ketelbrug accident reconstruction]（裁判所がケーテル橋の事故の再現を要求）『*De Volkskrant*（デ・フォルクスクラント）紙』 https://www.volkskrant.nl/binnenland/ rechtbank-wil-reconstructie-ongeval-ketelbrug~a963733/.

レーダーオペレーターの警戒心について

Mackworth, N. H. (1948). The breakdown of vigilance during prolonged visual search.（長時間の視覚探索における警戒心の崩壊）『*Quarterly Journal of Experimental Psychology*（実験心理学季刊誌）』1, 6-21.

ヤーキーズ・ドッドソンの法則

Yerkes, R. M., & Dodson, J. D. (1908). The relation of strength of stimulus to rapidity of habit-formation.（刺激の強さと習慣形成の速さの関係）『*Journal of Comparative Neurology*（比較神経学ジャーナル）』18, 459-482.

Diamond, D.M., Campbell, A.M., Park, C.R., Halonen, J., & Zoladz, P.R. (2007). The temporal dynamics model of emotional memory processing: A synthesis on the neurobiological basis of stress-induced amnesia, flashbulb and traumatic memories, and the Yerkes-Dodson law.（ストレス誘発性健忘症，フラッシュバルブ記憶，トラウマ記憶，ヤーキーズ・ドッドソンの法則の神経生物学的基盤に関する総合的研究）『*Neural Plasticity*（神経可逆性）』60803.

人間の集中力は金魚よりも弱いというメディア報道について

McSpadden, K. (2015, May 4). You now have a shorter attention span than a goldfish.（今や，人の注意継続時間は金魚より短い）『*Time*（タイム）』
http://time.com/ 3858309/attention-spans-goldfish/

Egan, Timonthy. (2016, 1月22日). The eight-second attention span.（8分間の注意量）『*New York Times*（ニューヨークタイムズ）』
http://www.nytimes.com/2016/01/22/opinion/the-eight-second-attention-span.html.

マイクロソフト社の研究のオリジナルデータ

Statistic Brain Research Institute (2018, March 2). Attention span statistics.（注意継続時間の統計）http://www.statisticbrain.com/attention-span-statistics/.

マイクロソフト社の報告書がナンセンスな理由

Milano, D. (2019, January 1). No, you don't have the attention span of a goldfish.（あなたに金魚ほど注意量はない）『*Ceros Originals*（セロス・オリジナルズ）』
https://www .ceros.com/originals/No-don-attention-span-goldfish/.

金魚の記憶力

Brown, C. (2015). Fish intelligence, sentience, and ethics.（魚の知能，感覚と倫理）『*Animal Cognition*（動物認知）』18(1), 1-17.

講義中の注意継続時間

Wilson, K., & Korn, J. H. (2007). Attention during lectures: Beyond ten minutes.（講義中の注意量：10分を超えて）『*Teaching of Psychology*（教育心理学）』34(2), 85-89.

ネット動画の平均視聴時間

Smith, A. (2015, December 2). What's the optimal length for a YouTube vs. Facebook video?（YouTubeとFacebookの動画の最適な長さは？）『*Tubular Insights*（チューブラー・インサイト）』https:// tubularinsights.com/optimal-video-length-youtube-facebook/

Stone, A. (2016, June 4).The lie of decreasing attention spans.（注意持続時間減少の嘘）『*LinkedIn*（リンクドイン）』
https://www.linkedin.com/pulse/lie-decreasing-attention-spans-alvin-stone

メッセージに返信する前に待つことと，テクノロジーから離れることの潜在的なメリット

Rosen, L. D., Lim, A. F., Carrier, M., & Cheever, N. A. (2011). An empirical examination of the educational impact of text message-induced task switching in the classroom: Educational implications and strategies to enhance learning.（教室内での携帯メールによるタスク・スイッチングが教育に与える影響に関する実証的検証：教育的意味合いと学習向上のための戦略）『*Psicologia Ecuativa*（平衡心理学）』17(2), 163-177.

Rosen, L. D., Carrier, L. M., & Cheever, N. A. (2013). Facebook and texting made me do it: Media-induced task-switching while studying.（Facebookと携帯メールが私をそうさせた：メディアが誘発する勉強中のタスク・スイッチング）『*Computers in Human Behavior*（人間行動学におけるコンピュータ）』29(3), 948-958.

Rosen, L. D., Cheever, N. A., & Carrier, L. M. (2012).『*iDisorder: Understanding our obsession with technology and overcoming its hold on us.*（邦題：毒になるテクノロジー：IDisorder）』New York, NY: Palgrave Macmillan.

マルチタスクの心拍数への影響

Mark, G., Wang, Y., & Niiya, M. (2014). Stress and multitasking in everyday college life: An empirical study of online activity.（大学生活の日常におけるストレスとマルチタスク：オンライン活動の経験的研究）『*Proceedings of the SIGCHI Conference on Human Factors in Computing Systems*（SIGCHI会議議事録：コンピュータシステムにおける人的要因）』41-50. New York,NY:ACM.

ビデオゲームとADHD

Bioulac, S., Lallemand, S., Fabrigoule, C., Thoumy, A. L., Philip, P., & Bouvard, M. P. (2014). Video game performances are preserved in ADHD children compared with controls.（ビデオゲームのパフォーマンスは，対照群よりもADHD児が保存する能力が高い）『*Journal of Attention Disorders*（注意欠陥障害ジャーナル）』18(6), 542-550.

第４章　受け手の問題：自己の集中力を高めるためには

天才たちの日常的な儀式

Currey, M. (2013). Daily rituals: How artists work.（毎日の儀式：アーティストの仕事の仕方）『*New York*（ニューヨーク）』NY.Alfred A. Knopf.

安静時の測定

(2009, November 24). Functionele netwerken in gezonde en zieke hersenen (Functional networks in a healthy and sick brain).（健康な脳と病気の脳の機能的ネットワーク）『*Universiteit Leiden News*（ライデン大学ニュース）』https://www.universiteitleiden .nl/nieuws/2009/11/functionele-netwerken-in-gezond-en zieke -hersenen.

脳のデフォルト・モード・ネットワーク

Raichle, M. E., MacLeod, A. M., Snyder, A. Z., Powers, W. J., Gusnard, D. A., & Shulman, G. L. (2001). A default mode of brain function.（脳のデフォルト・モード・ネットワーク）『*Proceedings of the National Academy of Sciences*（全米科学アカデミー紀要）』98(2), 676-682.

Raichle, M. E. (2015). The brain's default mode network.（脳のデフォルト・モード・ネットワーク）『*Annual Review of Neuroscience*（神経科学年間レビュー）』38, 433-447.

読書中の白昼夢

Schooler, J. W., Reichle, E. D., & Halpern, D. V. (2004). Zoning out while reading: Evidence for dissociations between experience and metaconsciousness.（読書中にボーッとする。経験とメタ意識の解離を示す証拠）D.T. Levitin.（編集）『*Thinking and Seeing: Visual Metacognition in Adults and Children*（考えることと見ること：大人と子どもの視覚的メタ認知）』(pp. 203-226). Cambridge, MA: MIT Press.（MITプレス社）

白昼夢と幸福感

Killingsworth, M. A., & Gilbert, D. T. (2010). A wandering mind is an unhappy mind.（さまよう心は不幸な心）『*Science*（サイエンス）誌』330(6006), 932-932.

白昼夢と認知能力との関係

Mrazek, M.D., Smallwood, J., Franklin, M.S., Baird, B., Chin, J.M., & Schooler, J.W. (2012). The role of mind-wandering in measurements of general aptitude.（一般的適性の測定におけるさまよう心の役割）『*Journal of Experimental Psychology General*（実験心理学ジャーナル：総合）』141, 788-798.

Schooler, J. W., Mrazek, M. D., Franklin, M. S., Baird, B., Mooneyham, B. W., Zedelius, C., & Broadway, J. M. (2014). The middle way: Finding the balance between mindfulness and mind-wandering.（マインドフルネスとマインドワンダリングのバランスを見つけよう）『*The Psychology of Learning and Motivation*（学びと動機の心理学）』60, 1-33.

無意識の意思決定とその効果

Dijksterhuis, A., Bos, M. W., Nordgren, L. F., & van Baaren, R. B. (2006). On making the right choice: The deliberation-without-attention effect.（正しい選択をするために：無意識に熟慮する）『*Science*（サイエンス）』311, 1005-1007.

Newell, B. R., & Shanks, D. R. (2014). Unconscious influences on decision making: A critical review.（意思決定における無意識の影響：批判的レビュー）『*Behavioral and Brain Science*（行動科学と脳科学）』37(1), 1-19.

Nieuwenstein, M., Wierenga, T., Morey, R., Wicherts, J., Blom, T., Wagenmakers, E.-J., & van Rijn, H. (2015). On making the right choice :A meta-analysis and large-scale replication attempt of the unconscious thought advantage.（正しい選択をするために：無意識的思考の優位性に関するメタ分析と大規模再現の試み）『*Judgment and Decision Making*（判断力と意思決定）』10(1), 1-17.

注意を回復するための自然の役割

Berman, M. G., Jonides, J., & Kaplan, S. (2008). The cognitive benefits of interacting with nature.（自然と触れ合うことで得られる認知的メリット）『*Psychological Science*（心理科学）』19(12), 1207-1212.

Taylor, A. F., & Kuo, F. E. (2009). Children with attention deficits concentrate better after walk in the park.（注意欠陥障害のある子どもは，公園を散歩すると集中力が高まる）『*Journal of Attention Disorders*（注意欠陥障害ジャーナル）』12(5), 402-409.

Kaplan, R. (2001). The nature of the view from home: Psychological benefits.（家からの眺めの良さ：心理的な利点）『*Environment & Behavior*（環境と行動）』33(4), 507-542.

Berman, M. G., Kross, E., Krpan, K. M., Askren, M. K., Burson, A., Deldin, P.J., Kaplan, S.,

Sherdell, L., Gotlib, I. H., & Jonides, J. (2012). Interacting with nature improves cognition and affect for individuals with depression.（自然との触れ合いは，うつ病患者の認知と感情を改善する）『*Journal of Affective Disorders*（感情障害ジャーナル）』140(3), 300-305.

専門知識に対するトレーニング効果

Ericsson, K. A., Krampe, R. T., & Tesch-Römer, C. (1993). The role of deliberate practice in the acquisition of expert performance.（専門的パフォーマンスの獲得における意図的な練習の役割）『*Psychological Review*（心理学的レビュー）』100(3), 363-406.

Newport, C. (2016).『*Deep work: Rules for focused success in a distracted world.*（ディープ・ワーク：気が散る世界で集中し成功するための法則）』London, England: Piatkus.

脳トレプログラムの効果

Owen, A. M., Hampshire, A., Grahn, J. A., Stenton, R., Dajani, S., Burns, A. S., Howard, R. J., & Ballard, C. G. (2010). Putting brain training to the test.（脳トレをやってみよう）『*Nature*（ネイチャー）』465(7299), 775-778.

瞑想の効果

Slagter, H. A., Davidson, R. J., & Lutz, A. (2011). Mental training as a tool in the neuroscientific study of brain and cognitive plasticity.（脳と認知の可塑性の神経科学的研究におけるツールとしてのメンタルトレーニング）『*Frontiers in Human Neuroscience*（人間の神経科学の最前線）』5.

MacLean, K. A., Ferrer, E., Aichele, S. R., Bridwell, D. A., Zanesco, A. P., Jacobs, T. L., King, B. G., Rosenberg, E. L., Sahdra, B. K., Shaver, P. R., Wallace, B. A., Mangun, G. R., & Saron, C. D. (2010). Intensive meditation training improves perceptual discrimination and sustained attention.（集中的な瞑想トレーニングで知覚判別と持続的注意を改善する）『*Psychological Science*（心理科学）』21(6), 829-839.

Mrazek, M. D., Franklin, M. S., Phillips, D. T., Baird, B., Schooler, J. W. (2013). Mindfulness training improves working memory capacity and GRE performance while reducing mind wandering.（マインドフルネス・トレーニングは，心の迷いを減らしながらワーキングメモリ容量とGREを増やし，（大学院進学適正試験）の点数を上げる）『*Psychological Science*（心理科学）』24(5), 776-781.

Jha, A. P., Krompinger, J., Baime, M. J. (2007). Mindfulness training modifies subsystems of attention.（マインドフルネス・トレーニングは注意のサブシステムを修正する）『*Cognitive, Affective, & Behavioral Neuroscience*（認知・感情・行動神経科学）』7(2), 109-119.

オフラインにすることのメリット

Perlow, L. A., Porter, J. L. (2009, October). Making time off predictable—and required.（休暇を予測可能かつ必要なものにすること）『*Harvard Business Review*（ハーバード・ビジネス・

レビュー)』102-109.

オフラインにする権利

NOS op3 (2017, January 1). Mailt je baas in de avond? In Frankrijk hoef je niet meer te reageren [Does your boss email you at night? In France, you no longer have to respond].（上司が夜な夜なメールを送ってくる？　フランスでは，もう返事をする必要なし）『*NOS*』 http://nos.nl/op3/artikel/2150987-mailt-je-baas-in-de-avond-in-frankrijk-hoef-je-niet-meer-te-reageren.html.

運動のプラス効果

Hillman, C. H,, Pontifex, M. B., Castelli, D. M., Khan, N. A., Raine, L. B., Scudder, M. R., Drollette, E. S., Moore, R. D., Wu, C.-T., & Kamijo, K. (2014). Effects of the FITKids randomized controlled trial on and brain function.(FITKidsの無作為化比較試験が実行調節制御と脳機能に及ぼす影響)『*Pediatrics*（ピディアトリックス）』134(4), 1063-1071.

Ratey, J. J., & Loehr, J. E. (2011). The positive impact of physical activity on cognition during adulthood: A review of underlying mechanisms, evidence and recommendations.（成人期，運動が認知機能に与えるプラス効果：根本的なメカニズムと科学的根拠，推奨事項に関する再考察）『*Reviews in the Neurociences*』22(2), 171-185.

脳への刺激が注意レベルと集中力に及ぼす影響

Iuculano, T., & Kadosh, R. C. (2013). The mental cost of cognitive enhancement.（認知機能強化の精神的コスト）『*Journal of Neuroscience*（神経科学ジャーナル）』33(10), 4482-4486.

注意レベル・集中力に及ぼす薬の影響

Advokat, C. (2010). What are the cognitive effects of stimulant medications? Emphasis on adults with attention-deficit / hyperactivity disorder(ADHD).（興奮誘発剤の認知機能への影響とは？　成人の注意欠陥・多動性障害（ADHD）をもつ人を中心に）『*Neuroscience & Biobehavioral Reviews*（神経科学・生物行動学レビュー）』34(8), 1256-1266.

第５章　交通における集中力の重要性

コーエン・ヴァン・トンゲレンの交通事故

(2015, April 2) Veroorzaker ongeluk:“Door mij leeft een kind van twee niet meer” [Cause of accident: “Because of me, a two-year- old child no longer lives”]（事故原因：二歳の子どもは私のせいで亡くなった）『*RTL Nieuws*（RNTニュース）』https://www.rtlnieuws.nl/nieuws/veroorzaker-ongeluk-door-mij leeft-een-kind-van-twee-niet-meer

トミー・ボーイの自転車事故

Van Weezel, T. G. (2016, September 1). "Tommy-Boy werd aangereden in een voor hem geweldige zomer" ["Tommy-Boy was hit during a great summer for him"].（素晴らしい青春の真っ只中，トミー・ボーイは車に衝突した）『*De Volkskrant*（デ・フォルクスクラント）紙』

https://www.volkskrant.nl/media/-tommy-boy-werd-aangereden -in-een-voor-hem-geweldige-zomer~a4368683/

交通事故とスマホ使用の関係

Redelmeier, D. A., & Tibshirani, R. J. (1997). Association between cellular-telephone calls and motor vehicle collisions.（携帯電話での通話と自動車衝突事故の関連性）『*New England Journal of Medicine*（ニューイングランド・医療ジャーナル）』336, 453-458.

Strayer, D. L., Drews, F. A., & Crouch, D. J. (2006). A comparison of the cell phone driver and the drunk driver.（携帯電話使用中のドライバーと飲酒運転のドライバーの比較）『*Human Factors*（人的要因）』48(2), 381-391.

ニコ・ヒュルケンベルグの眼球運動

Schrader, S. (2016, July 3). This is how a formula one driver sees the track.（F1ドライバーの目はこのようにコースを見ている）『*Jalopnik*（ジャロプニック）』
https://blackflag.jalopnik.com/this-is-how-a-formula-one-driver-sees-the-track-1782965187

(2016, August 16). F1 driver eye tracking: Nico Hulkenberg tests out reactions（F1ドライバーのアイトラッキング：ニコ・ヒュルケンベルグの反応）『*Sky Sports*（スカイ・スポーツ）』
http://www.skysports.com/f1/news/24227/10328011/f1-driver-eye-tracking-nico-hulkenberg-tests-out-reactions

Reynolds, M. (2016, July 4). See an F1 race through the eyes of the driver and witness his near superhuman reactions.（ドライバーの目から見るF1レース：その超人的な反応を目の当たりにして）『*Wired*（ウィアード）』
http://www.wired.co.uk/article/see-view-of-f1-driver-with-vision-tracking-technology

運転中の会話の種類

Drews, F. A., Pasupathi, M., & Strayer, D. L. (2008). Passenger and cell phone conversations in simulated driving.（模擬運転中の助手席と携帯電話での会話）『*Journal of Experimental Psychology: Applied*（実験心理学ジャーナル：応用編）』14(4), 392-400.

Strayer, D. L., & Drews, F. A. (2007). Cell-phone- induced driver distraction.（携帯電話によるドライバーの注意レベル低下）『*Current Directions in Psychological Science*（心理学の最新動向）』16(3), 128-131.

Rueda-Domingo, T., Lardelli-Claret, P., de Dios Luna-del-Castillo, J., Jiménez-Moleón, J. J., García-Martín, M., & Bueno-Cavanillas, A. (2004). The influence of passengers on the risk of the driver causing a car collision in Spain: Analysis of collisions from 1990 to 1999.（ドライバーが自動車衝突事故を起こすリスクに対する同乗者の影響：スペインにおける1990年から1999年までの衝突事故の分析）『*Accident Analysis and Prevention*（事故の分析と予防）』36(3), 481-489.

ボーデグラーベンのLED照明
(2017, February 9). Pilotproject met LED-lichtlijnen bij oversteekplaats [Pilot project with LED light lines at crosswalks].（横断歩道のLEDライトラインによるパイロットプロジェクト）『*Rebonieuws*（Reboニュース）』
https://www.rebonieuws.nl/uncategorized/pilotproject-led-lichtlijnen-oversteekplaats/

日本の「歩きスマホ」
(2014, March 8).Aruki-sumaho ("smartphone walking").（歩きスマホ）『*Japan Times*（ジャパン・タイムズ）』
https://www.japantimes.co.jp/life/2014/03/08/language/aruki-sumaho/ #.XShneOgzY2w

キャシー・クルーズ・マレロ
Daily Mail Reporter In deep water (2012, March 15). Woman who fell into fountain while texting admits to spending thousands of dollars on stolen credit card.（メールを読みながら噴水に落ちた女性が，盗んだクレジットカードで数千ドルを使ったことを認める）『*Daily Mail*（デイリー・メール）』
http:// www.dailymail.co.uk/news/article-2115438/Fountain-woman -Cathy Cruz-Marre-ro-sentenced-months-house-arrest-shopping -spree-stolen-credit-card.html

Masterson, T., & Stamm, D. (2011, January 21). Security guard who put fountain fall online gets fired.（噴水の落下事故動画をネットに投稿した警備員が解雇）『*NBC Philadelphia*（NBCフィラデルフィア）』http://www.nbcphiladelphia.com/news/local/Foutain-Texter -Security-Firing-114398399.html

ニューヨークにおける歩行者の行動
Basch, C. H., Ethan, D., Rajan, S., & Basch, C. E. (2014). Technology-related distracted walking behaviours in Manhattan's most dangerous intersections.（マンハッタンの最も危険な交差点におけるテクノロジー関連の注意散漫な歩行行動）『*Injury Prevention*（外傷防止）』20(5), 343-346.

注意散漫な子どもの歩行行動
Stavrinos, D., Byington, K. W., & Schwebel, D. C. 2009. Effect of cell phone distraction on pediatric pedestrian injury risk.（携帯電話使用による注意散漫が小児の歩行者傷害リスクに及ぼす影響）『*Pediatrics*（ピデアトリックス）』123(2), 179-185.

Chaddock, L., Neider, M. B., Lutz, A., Hillman, C. H., & Kramer, A. F. (2012). Role of childhood aerobic fitness in successful street crossing.（道路横断がうまくなる—幼少期の有酸素運動の役割）『*Medicine & Science in Sports & Exercise*（メディスン＆サイエンスin スポーツ＆エクササイズ：スポーツと運動における医学）』44(4), 749-753.

ヘッドホンの使用と事故
Lichenstein, R., Smith, D. C., Ambrose, J. L., & Moody, L. A. (2012). Headphone use and pedestrian injury and death in the United States: 2004-2011.（アメリカにおけるヘッドホン

使用と歩行者の傷害及び死亡：2004-2011）『*Injury Prevention*（インジャリー・プリベンション）』18(5), 287-290.

多感覚の統合

Van der Stoep, N., Van der Stigchel, S., Nijboer, T. C. W., & Van der Smagt, M. J. (2016). Audiovisual integration in near and far space: Effects of changes in distance and stimulus effectiveness.（遠・近空間における視聴覚統合：距離と刺激の有効性の変化の効果）『*Experimental Brain Research*（実験的脳研究）』234, 1175-1188.

Van der Stoep, N., Nijboer, T. C. W., & Van der Stigchel, S. (2014). Exogenous orienting of crossmodal attention in 3D space: Support for a depth-aware crossmodal attentional system.（3D空間におけるクロスモーダルな注意の外因的な方向づけ：奥行きを意識したクロスモーダルな注意システムのサポート）『*Psychonomic Bulletin & Review*（サイコノミック・ブレティン＆レビュー）』21(3), 708-714.

Van der Stoep, N., Van der Stigchel, S., & Nijboer, T. C. W. (2015). Exogenous spatial attention decreases audiovisual integration.（外因性空間注意は視聴覚統合を減少させる）『*Attention, Perception & Psychophysics*（注意・知覚・心理物理学）』77(2), 464-482.

セーフロック研究の事実確認

Veldhuizen, R. (2017, June 26). Ook smartphonegeluidjes leiden fietsers gevaarlijk af—klopt dit wel? [Smartphone sounds dangerously distract cyclists—is this true?]（スマホの音で注意散漫：サイクリストを危険にさらす？）『*De Volkskrant*（デ・フォルクスクラント）紙』https://www.volkskrant.nl/wetenschap/ook-smartphonegeluidjes -leiden fietsers-gevaarlijk-af-klopt-dit-wel~a4502814/

De Volkskrant (2017, June 30). Klopt dit wel: appen tijdens het fietsen [Is this correct:Using smartphone while cycling].(これいいの？　サイクリング中のスマホ使用）『YouTube動画』3:49。https://www.youtube.com/watch?v =lnAe2q1AIfQ&t=90s

交通事故における自信過剰

Smit, P. H. (2017, August 2). Veilig Verkeer Nederland: gebruik smartphone in auto even ernstig als rijden onder invloed [Safe traffic in the Netherlands: Using a smartphone in the car as serious as driving under the influence].(オランダにおける安全運転：運転中のスマホ使用は飲酒運転と同じくらいの危険行為）『*De Volkskrant*（デ・フォルクスクラント）紙』https://www.volkskrant.nl/economie/veilig-verkeer-nederland-gebruik-smartphone-in-auto-even-ernstig-als-rijden-onder -invloed~a4509268/

第６章　私たちの脳のこれから

ハンドスピナーの大流行

Brustein, J. (2017, May 11). How the fidget spinner origin story spun out of control.（フィ

ジェットスピナーの誕生秘話は，どうやってコントロールを失ったのか)『*Bloomberg*(ブルームバーグ)』https://www.bloomberg.com/news/articles/2017-05-11/how-the-fidget-spinner-origin-story-spun-out-of-control.

Singh, A. (2017, May 24). Fidget spinners: What is the new craze banned in schools across the nation? (ハンドスピナー：全国の学校で禁止されている最新流行ってどんな物？)『*Telegraph.*(テレグラフ)』https://www.telegraph.co.uk/news/0/what-are-fidget-spinners-new-classroom-craze-banned-across-nation/

de Vrieze, J. (2017, June 1). Helpt populaire fidget spinner tegen ADHD?[Does the popular fidget spinner help against ADHD?] (人気のハンドスピナーはADHDに役立つのか)『*Elsevier Weekblad*(週刊エルゼビア)』http://www.elsevierweekblad .nl/kennis/achtergrond/2017/06/helpt-populaire-fidget-spinner -tegen-ad-92738w/

Schneider, R. (2017, May 2). Fidget spinner manufacturers are marketing their toys as a treatment for ADHD, autism, and anxiety.(ハンドスピナーのメーカーは，ADHDや自閉症，不安症の治療薬としておもちゃを販売している)『*VICE*(ヴァイス)』
https://motherboard.vice.com/en_us/article/53nm5d/lets-investigate-the-nonsense-claim-that-fidget-spinners -can-treat-ad-autism-and-anxiety

落ち着きのなさとADHD

Sarver, D. E., Rapport, M. D., Kofler, M. J., Raiker, J. S., & Friedman, L. M. (2015). Hyperactivity in attention-deficit/ hyperactivity disorder (ADHD): Impairing deficit or compensatory behavior?(注意欠陥・多動性障害(ADHD)における多動性：障害的な欠陥か代償行動か？)『*Journal of Abnormal Child Psychology*(異常児童心理学ジャーナル)』43(7), 1219-1232.

フラー・ファン・グローニンゲンの高感受性に関するインタビュー

(2017, September 16)."Misschien is voelen weer toegelaten" ["Maybe feeling is allowed again"](感情が戻ってきたのかもしれない)『*De Standaard*(スタンダード)紙』
http://m.standaard.be/cnt/dmf20170915_03075747

エレイン・アーロンとHSP

Aron, E. (2004, November 28). Is sensitivity the same as being gifted?(感受性の強さは才能があることと同じなのか)『*The Highly Sensitive Person (blog)*(感受性が強い人たち・ブログ)』
http:// www.hsperson.com/pages/3Nov04.htm

ジーン・エアーズの歴史

Heilbroner, P. L. (2015, November 9). Why “sensory integration disorder” is a dubious diagnosis.(なぜ「感覚統合障害」という診断は疑わしいのか)『*Quackwatch*(クワックウォッチ)』https://www.quackwatch.org/01QuackeryRelatedTopics/sid.html

脳活動とHSP問診票の高得点

Acevedo, B. P., Aron, E. N., Aron, A., Sangster, M. D., Collins, N., & Brown, L. L. (2014). The highly sensitive brain: An fMRI study of sensory processing sensitivity and response to others' emotions.（高感度の脳：感覚処理の感度と他者の感情への反応に関する機能MRI研究）『*Brain and Behavior*（脳と行動）』4(4), 580-594.

Owen, J. P., Marco, E. J., Desai, S., Fourie, E., Harris, J., Hill, S. S., Arnett, A. B., & Mukherjee, P. (2013). Abnormal white matter microstructure in children with sensory processing disorders.（感覚処理障害児における白質微細構造の異常）『*NeuroImage: Clinical*（ニュートロイメージ：クリニカル）』2, 844-853.

米国小児科学会の公式声明

Zimmer, M., & Desch, L. (2012). Sensory integration therapies for children with developmental and behavioral disorders.（発達障害や行動障害のある子どもに対する感覚統合療法）『*Pediatrics*（ピデアトリックス）』129(6), 1186-1189.

マルチタスクとADHD

Ewen, J. B., Moher, J. S., Lakshmanan, B. M., Ryan, M., Xavier, P., Crone, N. E., Denckla, M. B., Egeth, H., & Mahone, E.M. (2012). Multiple task interference is greater in children with ADHD.（マルチタスクによる障害はADHD児でより大きな問題となる）『*Developmental Neuropsychology*（発達神経心理学）』37(2), 119-133.

ADHDとスマホ

van Noort, W. (2016, November 14). Zo schadelijk is afleiding door je smartphone [That's how harmful distraction is with your smartphone].（それだけスマホでの気晴らしは有害だということだ）『*NRC*』https://www.nrc.nl/nieuws/2016/11/14/allemaal-adhd-door-de-smartphone-4854932 -a1531805

ピークアテンションとテレビ

Wu, T. (2016).『*The attention merchants: From the daily newspaper to social media, how our time and attention is harvested and sold.*（「注目」の商人たち。毎日の新聞からソーシャルメディアまでー私たちの時間と注意はどのように刈りとられ，販売されているのか）』New York, NY: Alfred A. Knopf.

テレビ視聴と読解力・注意量の問題との関係について

Christakis, D. A., Zimmerman, F. J., DiGiuseppe, D. L., & McCarty, C. A. (2004). Early television exposure and subsequent attentional problems in children.（幼少期のテレビ視聴とその後の子どもの注意量の問題）『*Pediatrics*（ピデアトリックス）』113(4), 708-713.

Ennemoser, M., & Schneider, W. (2007). Relations of television viewing and reading: Findings from a 4-year longitudinal study.（テレビ視聴と読書の関係：4年間の縦断的研究結果から）『*Journal of Educational Psychology*（教育心理学ジャーナル）』99(2), 349-368.

未来への希望

良心の呵責に苛まれるシリコンバレーの経営者たち

Verrycken, R. (2013, December 30). De spijtoptanten van Silicon Valley [The regrets of Silicon Valley]. (シリコンバレーの後悔)『*De Tijd*(ティジッド)紙』https://www.tijd.be/tech-media/technologie/de-spijtoptanten -van-silicon-valley/9967875.html

アラン・ライトマンへのインタビュー

van Noort, W. (2018, July 27). "Je moet véél meer lummelen en niksen": Alan Lightman, hoogleraar menswetenschappen ["You have to fiddle a lot more and do nothing": Alan Lightman, professor of human sciences.(あなたは，もっとたくさんのんびりと昼寝をする必要がある：アラン・ライトマン(人間科学部教授)『*NRC*』https://www.nrc .nl/nieuws/2018/07/27/je-moet-veel-meer-lummelen-en-niksen -a1611414

▌著者　ステファン・ファン・デル・スティッヘル／Stefan Van der Stigchel
オランダ・ユトレヒト大学実験心理学部認知心理学教授。臨床現場で注意と視覚認識を研究するグループ「AttentionLab」主任研究員。実験心理学の科学論文は120を超え，講演やメディア出演も多数。視覚的注意に関する著作には『*How Attention Works*』(MIT Press)がある。

▌監訳者
枝川義邦／えだがわ・よしくに
早稲田大学理工学術院教授。1998年東京大学大学院薬学系研究科博士課程修了，博士(薬学)。2007年早稲田大学ビジネススクール修了，MBA。研究分野は，脳神経科学，人材・組織マネジメント，マーケティングなど。

清水寛之／しみず・ひろゆき
神戸学院大学心理学部教授。博士(文学)。公認心理師。1959年生まれ。大阪市立大学大学院文学研究科後期博士課程単位取得退学。著書に『記憶におけるリハーサルの機能に関する実験的研究』(風間書房)，『メタ記憶』(編著，北大路書房)など。監訳・訳書に『図鑑心理学』(ニュートンプレス)がある。

井上智義／ いのうえ・ともよし
聖心女子大学現代教養学部心理学科教授。同志社大学名誉教授。京都大学博士(教育学)。1954年生まれ。京都大学教育学研究科後期博士課程中途退学。著書に『人間の情報処理における聴覚言語イメージの果たす役割』(北大路書房)，『福祉の心理学』(サイエンス社)など。監訳・訳書に『図鑑心理学』(ニュートンプレス)がある。

▌訳者　徳永美恵／とくなが・みえ
翻訳家。全国英語通訳案内士，国際協力機構(JICA)及び日本国際協力センター(JICE)コーディネーターとして通訳，翻訳，留学生支援などを行っている。訳書に『サイエンス超簡潔講座　合成生物学』(ニュートンプレス)がある。

人生を変える
集中力の高め方
集中力が劇的に向上する6つの話

2021年10月15日発行

著者　ステファン・ファン・デル・スティッヘル
監訳者　枝川義邦，清水寛之，井上智義
訳者　徳永美恵
編集，翻訳協力　編集プロダクション雨輝
編集　道地恵介，杉浦映子
表紙デザイン　岩本陽一
発行者　高森康雄
発行所　株式会社 ニュートンプレス
〒112-0012 東京都文京区大塚 3-11-6
https://www.newtonpress.co.jp

ISBN 978-4-315-52457-4
